Jan-Hendrik Henke

Rückstellungen nach HGB und IFRS bilanzieren
Eine vergleichende Analyse der Auswirkungen des BilMoG auf Ansatz, Bewertung und Ausweis

Bachelor + Master Publishing

Henke, Jan-Hendrik: Rückstellungen nach HGB und IFRS bilanzieren: Eine vergleichende Analyse der Auswirkungen des BilMoG auf Ansatz, Bewertung und Ausweis, Hamburg, Diplomica Verlag GmbH 2011
Originaltitel der Abschlussarbeit: Bilanzierung von Rückstellungen nach HGB und IFRS.Eine vergleichende Analyse der Auswirkungen des BilMoG auf Ansatz, Bewertung und Ausweis

ISBN: 978-3-86341-084-1
Druck: Bachelor + Master Publishing, ein Imprint der Diplomica® Verlag GmbH, Hamburg, 2011
Zugl. Fachhochschule Gelsenkirchen, Gelsenkirchen, Deutschland, Bachelorarbeit, 2010

Bibliografische Information der Deutschen Nationalbibliothek:
Die Deutsche Nationalbibliothek verzeichnet diese Publikation in der Deutschen Nationalbibliografie;
detaillierte bibliografische Daten sind im Internet über http://dnb.d-nb.de abrufbar.

Die digitale Ausgabe (eBook-Ausgabe) dieses Titels trägt die ISBN 978-3-86341-584-6 und kann über den Handel oder den Verlag bezogen werden.

Dieses Werk ist urheberrechtlich geschützt. Die dadurch begründeten Rechte, insbesondere die der Übersetzung, des Nachdrucks, des Vortrags, der Entnahme von Abbildungen und Tabellen, der Funksendung, der Mikroverfilmung oder der Vervielfältigung auf anderen Wegen und der Speicherung in Datenverarbeitungsanlagen, bleiben, auch bei nur auszugsweiser Verwertung, vorbehalten. Eine Vervielfältigung dieses Werkes oder von Teilen dieses Werkes ist auch im Einzelfall nur in den Grenzen der gesetzlichen Bestimmungen des Urheberrechtsgesetzes der Bundesrepublik Deutschland in der jeweils geltenden Fassung zulässig. Sie ist grundsätzlich vergütungspflichtig. Zuwiderhandlungen unterliegen den Strafbestimmungen des Urheberrechtes.

Die Wiedergabe von Gebrauchsnamen, Handelsnamen, Warenbezeichnungen usw. in diesem Werk berechtigt auch ohne besondere Kennzeichnung nicht zu der Annahme, dass solche Namen im Sinne der Warenzeichen- und Markenschutz-Gesetzgebung als frei zu betrachten wären und daher von jedermann benutzt werden dürften.

Die Informationen in diesem Werk wurden mit Sorgfalt erarbeitet. Dennoch können Fehler nicht vollständig ausgeschlossen werden, und die Diplomarbeiten Agentur, die Autoren oder Übersetzer übernehmen keine juristische Verantwortung oder irgendeine Haftung für evtl. verbliebene fehlerhafte Angaben und deren Folgen.

© Bachelor + Master Publishing, ein Imprint der Diplomica® Verlag GmbH
http://www.diplom.de, Hamburg 2011
Printed in Germany

Inhaltsverzeichnis

- A. Einleitung 11
- B. Allgemeine Informationen zum BilMoG 13
- C. Bilanzierung von Rückstellungen gem. HGB n.F. 15
  - I. Allgemein 15
  - II. Ansatz 16
    - 1. Allgemein 16
    - 2. Verbot von Aufwandsrückstellungen 16
  - III. Bewertung 18
    - 1. Rückstellungen 18
    - a) Erfüllungsbetrag 19
    - b) Diskontierung 24
    - 2. Pensionsrückstellungen 30
    - a) Erfüllungsbetrag 31
    - b) Wertpapiergebundene Pensionszusagen 34
    - c) Diskontierung von Pensionsrückstellungen 35
    - d) Saldierung von Planvermögen und Schulden 37
  - IV. Ausweis von Rückstellungen 39
    - 1. Allgemein 39
    - 2. Angaben im Anhang 40
    - a) Rückstellungen 40
    - b) Pensionsrückstellungen 40
    - 3. Übergangsvorschriften 40
    - a) Aufwandsrückstellungen 40
    - b) Rückstellungen 41
    - c) Pensionsrückstellungen 41
- D. Vergleich mit der Bilanzierung von Rückstellungen 43
  - I. Vergleich der Bilanzierung von HGB a.F. und HGB n.F. 43
    - 1. Ansatz 43
    - 2. Bewertung 45
    - a) Erfüllungsbetrag 46
    - b) Diskontierung 49
    - c) Pensionsrückstellungen 50
    - d) Saldierung von Planvermögen und Schulden 51
    - 3. Ausweis 52
  - II. Vergleich der Bilanzierung von IFRS und HGB n.F. 52
    - 1. Allgemein 52
    - 2. Ansatz 53
    - 3. Bewertung 54
    - a) Erfüllungsbetrag 55
    - b) Diskontierung 57
    - c) Pensionsrückstellungen 58
    - 4. Ausweis 60
- E. Fazit 61

Abkürzungsverzeichnis:

a.F.	alte Fassung
Abs.	Absatz
BilMoG	Bilanzrechtsmodernisierungsgesetz
BiRiLiG	Bilanzrichtliniengesetz
Buchst.	Buchstabe
bzgl.	bezüglich
d.h.	das heißt
EU	Europa
EG	Europäische Gemeinschaft
EGHGB	Einführungsgesetz zum Handelsgesetzbuch
EstG	Einkommenssteuergesetz
gem.	gemäß
GoB	Grundsätze ordnungsgemäßer Buchführung
GuV	Gewinn- und Verlustrechnung
HGB	Handelsgesetzbuch
IAS	International Accounting Standards
IFRS	International Financial Reporting Standards
n.F.	neue Fassung
PUCM	Projected Unit Credit Method
RückAbzinsV	Rückstellungsabzinsungsverordnung
SGB IV	Sozialgesetzbuch IV
u.a.	unter anderem
Vgl.	Vergleich
z.B.	zum Beispiel

Literaturverzeichnis:

Bieg, Hartmut; Kußmaul, Heinz; Petersen, Karl; Waschbusch, Gerd; Zwirner, Christian
(2009) Bilanzrechtsmodernisierungsgesetz –
Bilanzierung, Berichterstattung und
Prüfung nach dem BilMoG, 1. Auflage,
München 2009

Blödtner, Wolfgang; Bilke, Kurt; Heining, Rudolf (2009)
Lehrbuch Buchführung und
Bilanzsteuerrecht, 8. Auflage,
Herne 2009

Der Betrieb (2009) Umsetzung der HGB-Modernisierung -
Einführung, Überblick und ausgewählte
kritische Diskussionsbeiträge zum
Bilanzrechtsmodernisierungsgesetz
(BilMoG), Beilage Nr. 5/2009 zu Heft Nr.
23 vom 5.6.2009, Düsseldorf 2009

Ernst, Christoph; Naumann, Klaus-Peter (2009) Das neue Bilanzrecht – Materialien und
Anwendungshilfen zum BilMoG,
1. Auflage, Düsseldorf
- Begründung zum Regierungsentwurf
- Begründung zur Beschlussempfehlung

Fischer, Dirk; Günkel, Manfred; Neubeck, Guido; Pannen, Michael (2009)
Die Bilanzrechtsreform 2009/10 –
Handels- und Steuerbilanz nach
BilMoG, 1. Auflage, Bonn 2009

Freidank, Carl-Christian; Altes, Peter (2009) Das Gesetz zur Modernisierung des
Bilanzrechts (BilMoG) – Neue
Herausforderungen für Rechnungslegung
und Corporate Governance, 1. Auflage,
Berlin 2009

Fülbier, Rolf Uwe; Kuschel, Patrick; Maier, Friederike (2010)
BilMoG – Internationalisierung des HGB
und Auswirkungen auf das Controlling,
1. Auflage, Weinheim 2010

Hachmeister, Dirk (2006)	Verbindlichkeiten nach IFRS - Bilanzierung von kurz- und langfristigen Verbindlichkeiten, Rückstellungen und Eventualschulden, 1. Auflage, München 2006
Heyd, Reinhard; Kreher, Markus (2010)	BilMoG - das Bilanzrechtsmodernisierungsgesetz - Neuregelungen und ihre Auswirkungen auf Bilanzpolitik und Bilanzanalyse, 1. Auflage, München 2010
Kessler, Harald; Leinen, Markus; Strickmann, Michael (2009)	Handbuch BilMoG – Der praktische Leitfaden zum Bilanzrechtsmodernisierungsgesetz, 1. Auflage, Freiburg 2009
Küting, Karlheinz; Pfitzer, Norbert; Weber, Claus-Peter (2009)	Das neue deutsche Bilanzrecht – Handbuch zur Anwendung des Bilanzrechtsmodernisierungsgesetzes (BilMoG), Stuttgart 2009
Padberg, Carsten; Padberg, Thomas; Werner, Thomas (2010)	Das neue HGB - Bilanzrechtsmodernisierungsgesetz (BilMoG), 2. Auflage, Berlin 2010
Peschke, Lyubka (2005)	Die Behandlung von Rückstellungen und Verbindlichkeiten nach IAS/IFRS und HGB, 1. Auflage, Bremen 2005
Petersen, Karl; Zwirner, Christian (2009)	BilMoG – Gesetze Materialien Erläuterungen, 1. Auflage, München 2009
Philipps, Holger (2010)	Rechnungslegung nach BilMoG – Kurzkommentar zum Jahresabschluss und Lagebericht nach neuem Bilanzrecht, 1. Auflage, Wiesbaden 2010
Zülch, Henning; Hoffmann, Sebastian (2009)	Praxiskommentar BilMoG, 1. Auflage, Weinheim 2009

Quellenverzeichnis:

Einkommenssteuergesetz (EStG) in der Fassung vom 8.04.2010 zuletzt geändert gem. BGBl. I S. 386

Handelsgesetzbuch alte Fassung (HGB a.F.) in der Fassung vom 01.11.2008 zuletzt geändert gem. BGBl. I S. 2026

Handelsgesetzbuch neue Fassung (HGB n.F.) in der Fassung vom 29.05.2009 zuletzt geändert gem. BGBl. I S. 1102

International Accounting Standards / International Financial Reporting Standards (IAS/IFRS) in der Fassung vom 3.11.2008 zuletzt geändert gem. (EG) Nr. 494/2009

A. Einleitung

Diese Arbeit soll einen grundlegenden Vergleich der Bilanzierung von Rückstellungen nach dem Bilanzrechtsmodernisierungsgesetz mit der Bilanzierung im HGB vor der Reform, sowie eine vergleichende Analyse mit der Bilanzierung nach internationalen Standards, in diesem Falle die IFRS, bieten. Ziel der Arbeit ist es, die Unterschiede aber auch Gemeinsamkeiten der Bilanzierung zwischen HGB n.F. wie a.F. und IFRS herauszuarbeiten. Dabei wird im späteren Verlauf auf Gemeinsamkeiten und Unterschiede eingegangen und analysiert werden, inwieweit diese mit den Bilanzierungsprinzipien des HGB vereinbar sind. D.h., ob sie weiterhin ihre Gültigkeit behalten werden, oder um zur internationalen Vergleichbarkeit beizutragen, außer Kraft gesetzt werden. Der Schwerpunkt oder Blickwinkel der Betrachtung bleibt klar im Bereich der vergleichenden Bilanzierung von Rückstellungen. Daher wird sich die Arbeit an den Bilanzierungskategorien Ansatz, Bewertung und Ausweis orientieren, um sich so strukturiert den Änderungen des BilMoG anzunähern. Weiter wird ein Spezialfall von Rückstellungen betrachtet, die Pensionsrückstellung. Gerade bei der Bewertung von Pensionsrückstellungen sind einige wichtige Änderungen vorgenommen worden, die auch in der Wirtschaft zu großen bilanziellen Auswirkungen führen und noch führen werden, die in dieser Arbeit daher erläutert werden sollen.

Die Arbeit wird im Folgenden erst die allgemeinen Änderungen des BilMoG betrachten. Anschließend wird das HGB nach dem Bilanzrechtsmodernisierungsgesetz betrachtet, speziell im Bereich der Rückstellungen und der Pensionsrückstellungen. Ein weiterer wichtiger Punkt wird dann der Vergleich der oben erwähnten Bilanzierung mit der Bilanzierung nach internationalem Standard IFRS und der HGB Bilanzierung vor der Reform sein. Als letztes soll dann das Fazit gezogen werden. Dieses wird noch einmal die wichtigsten Schlüsse und Erkenntnisse der Arbeit reflektieren.

B. Allgemeine Informationen zum BilMoG

Das Gesetz zur Modernisierung des Bilanzrechts, kurz BilMoG, wurde am 26. März 2009 vom deutschen Bundestag verabschiedet und fand anschließend am 3. April 2009 die Zustimmung durch den Bundesrat. Es ist die größte Modernisierung des deutschen Bilanzrechts seit dem BiRiLiG von 1985.[1]

Der Hintergrund des Gesetzes bestand darin, die Attraktivität der Bilanzierung nach dem HGB für deutsche Unternehmen zu erhöhen. Es sollte daher eine Angleichung zur Bilanzierung nach International Financial Reporting Standards, kurz IFRS, vorgenommen werden. Diese Angleichung wird mit der BilMoG-Reform angestrebt, um somit die gewünschte gleichwertige und kostengünstige Alternative zum IFRS für deutsche Unternehmen zu bieten.[2]

Die detaillierten Ursachen der notwendigen Angleichung liegen hauptsächlich in der Globalisierung. Das Fortschreiten dieser macht es für Unternehmen unabkömmlich, sich in Zukunft immer mehr in einem internationalen Wettbewerb konfrontiert zu sehen und daher auch im internationalen Raum Kunden und Investoren zu finden. Internationale Stakeholder benötigen aber eine für sie verständliche Bilanz.[3] Hier steht also der Punkt der Internationalisierung im Vordergrund. Die Angleichung ist auch Folge der EU-Gesetzgebung, in Form von EU-Richtlinien. Auf Grundlage der Richtlinien 2006/43/EG und 2006/46/EG, welche sich auf die Abschlussprüfung von Jahresabschlüssen und an die Jahresabschlüsse von Gesellschaften bestimmter Rechtsformen richten, wird der Faktor Globalisierung und die Notwendigkeit der Reaktion auch durch die EU an den deutschen Gesetzgeber herangetragen.[4] Ein weiterer wichtiger Punkt der Reform ist die Deregulierung. Die Bundesregierung versucht die Rechnungslegung im Allgemeinen schlanker und gradliniger zu gestalten, u.a. sind kleinere Kaufleute von der handelsrechtlichen Buchführungs- und Bilanzierungspflicht befreit. Auch Kapitalgesellschaften profitieren, z.B. von der Verschiebung der Schwellenwerte gem. § 267 HGB n.F. für kleine, mittlere und große Kapitalgesellschaften. Leider gibt es auch Änderungen, die zusätzliche Belastungen für Unternehmen schaffen. Wie die Neubewertung von Pensionsverpflichtungen, für die man zukünftig mehr Aufwand benötigen wird.[5]

---

[1] Vgl. *Bieg/Kußmaul/Petersen/Waschbusch/Zwirner*, 2009, S. 1.
[2] Vgl. *Petersen/Zwirner*, 2009, S. 160.
[3] Vgl. *Petersen/Zwirner*, 2009, S. 161 f.
[4] Vgl. *Bieg/Kußmaul/Petersen/Waschbusch/Zwirner*, 2009, S. 1 f.
[5] Vgl. *Kessler/Leinen/Strickmann*, 2009, S. 46.

Erhalten bleibt nichtsdestotrotz der handelsrechtliche Jahresabschluss als Grundlage für Gewinnausschüttung und Besteuerung. An diesem Prinzip wurde nichts verändert, *„so dass die mittelstandsfreundlichen Eckpfeiler der handelsrechtlichen Bilanzierungsvorschriften erhalten bleiben"*[6].

Mit der BilMoG-Reform soll u.a. auch dem Mittelstand eine akzeptierte Variante der international verständlichen Bilanzierung geboten werden. Dieser sah sich in der Vergangenheit oftmals hohen Zusatzkosten ausgesetzt.[7]

Einen guten Überblick über die wichtigsten und elementaren Neuerungen bzw. Veränderungen des BilMoG sind von Kessler, Leinen und Stickmann im Buch „Handbuch BilMoG – Der praktische Leitfaden zum Bilanzrechtsmodernisierungsgesetz" festgehalten worden.

Abschließend lässt sich also festhalten, dass das BilMoG den wohl größten Einschnitt in das deutsche Bilanzrecht seit mehr als 20 Jahren durchführte. Die Hauptziele sind in der Vereinfachung des HGB, sowie in der Angleichung an die weltweit anerkannten International Financial Reporting Standards zu sehen.

---

[6] *Freidank/Altes*, 2009, S. 31.
[7] Vgl. *Küting/Pfitzer/Weber*, 2009, S. 12.

C. Bilanzierung von Rückstellungen gem. HGB n.F.

I. Allgemein

Auch Rückstellungen folgen dem allgemeinem Tonus des HGB n.F. und nähern sich der IFRS Bilanzierung an. Vor allen Dingen die Bereiche der Altersversorgungsverpflichtungen, und ähnlichen langfristigen Verpflichtungen, sind wesentlicher Bestandteil der Annäherung.[8] Ihre Legitimation erhalten Rückstellungen nach § 246 Abs. 1 Satz 1 HGB n.F., danach *„hat der Jahresabschluss sämtliche Vermögensgegenstände, Schulden, Rechnungsabgrenzungsposten sowie Aufwendungen für Erträge zu enthalten, soweit gesetzlich nichts anderes bestimmt ist. Dieses Vollständigkeitsgebot bildet damit die rechtliche Grundlage zur Passivierung von Schuldrückstellungen."*[9]

Weiter wird nach dem § 246 Abs. 2 Satz 2 n.F. nun erstmalig der Begriff der „Altersversorgungsverpflichtung" aufgenommen. Auf diesen Begriff wird später noch genauer eingegangen. Die Hauptänderungen der Rückstellungen durch das BilMoG zeigen sich in den Bereichen des Ansatzes und der Bewertung. Wohingegen die Änderungen beim Ansatz sich hauptsächlich auf die Aufwandsrückstellungen beziehen, finden sich zahlreiche Änderungen im Bereich der Bewertung.[10] Der Grund für die Änderung bei Aufwandsrückstellungen liegt in dem IFRS-Verbot, Rückstellungen für Innenverpflichtungen zu bilden. Ebenso wie Instandhaltungsrückstellungen werden Aufwandsrückstellungen, die nach drei Monaten aber innerhalb des nächsten Geschäftsjahres greifen, verboten.[11]

Die wichtigsten Neuerungen im Bereich der Bewertung von Rückstellungen sind u.a. die Bemessung einer Rückstellung zu ihrem Erfüllungsbetrag. Dieser wird vom Gesetzgeber in der Gesetzesbegründung genau definiert. Hinzu kommt die Pflicht der Berücksichtigung von Preis- und Kostensteigerungen, sowie der Pflicht zur Diskontierung von Rückstellungen die eine höhere Restlaufzeit als ein Jahr aufweisen.[12]

Ein Punkt, der keine größere Aufmerksamkeit verlangt, ist das Erweitern des Vollständigkeitsgebots gem. § 246 Abs. 1 Satz 2 n.F. um die Maßgeblichkeit der wirtschaftlichen Betrachtung. Dieses Prinzip hat für Rückstellungen nur geringe Bedeutung, da sie bereits nach § 246 Abs. 1 Satz 3 HGB n.F. in der Bilanz des

---

[8] Vgl. *Der Betrieb*, 2009, S. 38.
[9] *Kessler/Leinen/Strickmann*, 2009, S. 257.
[10] Vgl. *Der Betrieb*, 2009, S. 47.
[11] Vgl. *Padberg/Padberg/Werner*, 2010, S. 24.
[12] Vgl. *Küting/Pfitzer/Weber*, 2009, S. 323.

Schuldners aufzuführen sind, wenn sie bereits rechtlich entstehen. Das Vollständigkeitsgebot indessen besteht nun aber auf das wirtschaftliche Entstehen dieser Schulden. Wirtschaftlich entstanden sind sie, wenn sie zeitlich gesehen vor dem Bilanzstichtag anfallen. D.h. die Entstehung muss zeitlich gesehen an einen vor dem Stichtag betrieblichen Umstand anknüpfen und die zukünftige Verbindlichkeit muss allein aus Kräften des Kaufmanns unabwendbar geworden sein.[13]

Zur Einführung des BilMoG lässt sich sagen, dass durch Übergangsvorschriften gem. Art. 66 EGHGB Abs. 3 eine Einführung des BilMoG zum 31.12.2009 möglich war, sie aber spätestens zum Bilanzstichtag 31.12.2010 verpflichtend anzuwenden ist.

II. Ansatz

1. Allgemein

Der Ansatz von Rückstellungen ist in § 249 HGB n.F. geregelt. Demnach sind Rückstellungen für ungewisse Verbindlichkeiten, für drohende Verluste aus schwebenden Geschäften, für unterlassene Instandhaltungsaufwendungen – die in den ersten drei Monate nach Bilanzstichtag nachgeholt werden – sowie für Abraumbeseitigung zu bilden. Die Änderungen, die im Zuge des BilMoG auf das HGB treffen, sind im Bereich des Ansatzes eher gering. Hier wird nur die Handhabung der Aufwandsrückstellungen bzw. die Voraussetzung zur Bildung von Aufwandsrückstellungen vergrößert und an internationale Standards angepasst. Im Detail bedeutet dies, dass das Passivierungswahlrecht zur Bildung von Aufwandsrückstellungen abgeschafft wird.[14]

2. Verbot von Aufwandsrückstellungen

Mit der Einführung des BilMoG entfallen die bisher bekannten Wahlrechte. Der § 249 Abs. 1 Satz 3 HGB a.F. wurde vollständig gestrichen. Dem handelsrechtlichen Wahlrecht zum Ansatz von Aufwandsrückstellungen stand nämlich bisher ein steuerliches Ansatzverbot gegenüber. Mit der Abschaffung wurde daher die Einheit zwischen Handels- und Steuerbilanz gefördert.[15] Ein weiterer Grund für die Streichung ist die Tatsache, dass für die Bildung von Rückstellungen nur Leistungsverpflichtungen gegenüber Dritten in Frage kommen. Also besteht keine Möglichkeit mehr zur Bildung von Verpflichtungen gegenüber sich selbst. Daher

---

[13] Vgl. *Kessler/Leinen/Strickmann*, 2009, S. 257 ff.
[14] Vgl. *Der Betrieb*, 2009, S. 47.
[15] Vgl. *Küting/Pfitzer/Weber*, 2009, S. 324.

entfällt mit der BilMoG-Reform die Möglichkeit Instandhaltungs- und Abraumbeseitigungsrückstellungen zu bilden, denn diese nehmen den Charakter von Innenverpflichtungen ein.[16]

Dieser Entwicklung wird auch in den internationalen Standards entsprochen. Denn innerhalb der IFRS ist die Bildung von Innenverpflichtungen nicht zulässig. Obwohl der Gesetzgeber die Wahlrechte für Innenverpflichtungen aufhebt, bleibt die Pflicht zur Bildung von Aufwandsrückstellungen bestehen. Innerhalb dieser Aufwandsrückstellungen können auch weiterhin noch Innenverpflichtungen entstehen. Im EGHGB wird nun auch die zukünftige Behandlung von bereits gebildeten Aufwandsrückstellungen vorgeschrieben. Gem. Art. 67 Abs. 3 Satz 1 EGHGB besteht die Möglichkeit bereits gebildete Aufwandsrückstellungen beizubehalten. Diese Möglichkeit ist ein einmalig ausübbares Wahlrecht. Nach § 249 Abs. 1 Satz 3 und Abs. 2 HGB a.F. gebildete Rückstellungen können entweder teilweise beibehalten oder teilweise aufgelöst werden. Bei einer teilweisen Auflösung wird der aufgelöste Betrag in die Gewinnrücklagen eingestellt, das Ganze aber erfolgsneutral. Weiter ist es nicht gestattet, die im Jahr direkt vor der Einführung des BilMoG gebildeten Aufwandsrückstellungen in die Gewinnrücklagen einzustellen, da sie möglicherweise nur mit dem Ziel gebildet wurden, sie erfolgsneutral aufzulösen.[17]

Dem Gesetzgeber ist bewusst, dass er mit diesem Wahlrecht den Unternehmen einen großen Gestaltungsspielraum einräumt, der die ganze Vermögens- und Ertragslage in den zukünftigen Geschäftsjahren enorm beeinflussen kann. Doch zielt er mit dem Zugeständnis der Beibehaltung nicht darauf ab, den Unternehmen die Bilanzierung nach bisherigen Standards weiter zu gestatten, sondern lediglich die bereits gebildeten Beträge beizubehalten und ihnen nichts zuzuführen. Der genaue Wortlaut des § 67 Abs. 3 EGHGB, der diese Problematik regelt, nimmt Bezug auf die ausgewiesenen Beträge und nicht auf die Bilanzierungsmethode. Letztlich verbleibt für beibehaltene Aufwandsrückstellungen nur die jährliche Neubewertung zum Stichtag ohne Diskontierung, da ein Bezug zu der Bilanzierung gem. HGB a.F. besteht. Bis zu dem Zeitpunkt an dem ihre Gründe entweder eintreten, also die Rückstellung in Anspruch genommen wird, oder entfallen, sprich die Rückstellung erfolgswirksam aufgelöst werden kann.[18]

---

[16] Vgl. *Kessler/Leinen/Strickmann*, 2009, S. 261.
[17] Vgl. *Der Betrieb*, 2009, S. 47.
[18] Vgl. *Der Betrieb*, 2009, S. 47.

III. Bewertung

1. Rückstellungen

In der neuen Fassung des HGB wird versucht, die gewonnenen Erkenntnisse der langjährigen Bewertung von Rückstellungen allgemein verbindlich zu formulieren und sie als ein alltagstauglicher Bewertungsmaßstab in das Gesetz zu integrieren. Diese Änderung soll gem. § 253 Abs. 1 HGB n.F. mit dem dort genannten Erfüllungsbetrag stattfinden.[19]

Der Gesetzgeber versucht hier mit der Änderung des Paragraphen die allgemeine Bilanzierungspraxis verbindlich in das Gesetz zu integrieren. Ein großer Kritikpunkt liegt darin, dass diese Bewertung der zukünftigen Entwicklungen nur zum Stichtag erfolgt. Die gewünschte Änderung hat damit nur eine mehr oder weniger langsame, bzw. zeitlich versetzte Anpassung zur Folge. Dennoch fördert sie allemal besser als die bisherige Regelung das Bild einer objektiven Bilanz, die dem Adressaten ein genaues und in diesem Falle auch aktuelles Vermögensbild bieten kann.

Weiter ist in der Praxis die allgemeine Kostenanpassung, die der Erfüllungsbetrag impliziert, schon mehr oder weniger stillschweigend verbreitet. Diese Anpassungen basieren auf einer Weiterentwicklung der Grundsätze ordnungsgemäßer Buchführung, kurz GoB. Die GoB werden mit der Neufassung des § 253 Abs. 1 HGB n.F. bestätigt und offiziell anerkannt. Für die Zukunft werden somit die Abweichungen bei der Rückstellungsbewertung, nach oben und unten, minimiert.[20] Inwieweit dies in der Praxis funktioniert, bleibt erst einmal dahingestellt. Denn auch wenn eine gleiche Behandlung in Form einer einheitlichen Bewertung bindend ist, hat der Gesetzgeber nicht genau aufgezeigt, wie die von ihm geforderte Bewertung im Detail durchgeführt werden soll.

Offen bleibt, inwiefern Unternehmen nun ihre Rückstellungen durch den Erfüllungsbetrag anpassen werden, da sie ja bereits nach den GoB die Bewertungen fast Erfüllungsbetrag konform durchgeführt haben. Es wird sich also in der Praxis zeigen, ob die Höhe der Rückstellungen durch die veränderte Bewertung steigt oder fällt. Weiter dürfen bisher nicht berücksichtigte Steigerungen der Rückstellungen in voller Höhe aufwandswirksam verrechnet werden.[21]

---

[19] Vgl. *Küting/Pfitzer/Weber*, 2009, S. 325 f.
[20] Vgl. *Ernst/Naumann*, 2009, S. 78 ff. (Begründung zum Regierungsentwurf).
[21] Vgl. *Bieg/Kußmaul/Petersen/Waschbusch/Zwirner*, 2009, S. 81.

Im Zuge dieser Synchronisation wird auch die Diskontierung vereinheitlicht. Bisher wurde mit einem selbst ermittelten Zinssatz diskontiert, fortan werden Rückstellungen, die länger als ein Jahr bestehen, mit einem offiziell bekanntgegebenen Zinssatz von der Deutschen Bundesbank diskontiert werden.[22] Dieser Schritt ist der allgemeinen Meinung nach sehr zu begrüßen, so kann wirklich eine Vergleichbarkeit von Rückstellungen herbeigeführt werden. Denn bisher hat jedes Unternehmen die zukünftige wirtschaftliche Lage unterschiedlich eingeschätzt. Zusätzlich können nun auch noch die Kosten zur Ermittlung der Diskontierung einspart werden.

In den folgenden Unterpunkten sollen nun die größten Änderungen im Detail beleuchtet werden.

a) Erfüllungsbetrag

Wie bereits erwähnt wurde der Ausdruck „Rückzahlungsbetrag" von dem Fachtermini „Erfüllungsbetrag" gem. § 253 Abs. 1 HGB n.F. ersetzt. Dies ist auch die einzige Änderung, die vom Regierungsentwurf zum BilMoG bis zur heutigen Fassung des BilMoG am § 253 Abs. 1 Satz 2 HGB n. F. vorgenommen wurde.[23]

„Ihre Bedeutung besteht darin, die bei der Rückstellungsbemessung unvermeidbare Schätzung im Interesse der Bilanzobjektivierung einzuschränken."[24] In der Begründung zum Regierungsentwurf gibt der Gesetzgeber zwei Hauptgründe für die Einführung des Erfüllungsbetrages an.

Zum einen erschien es dem Gesetzgeber wichtig aufzuzeigen, dass § 253 HGB nicht nur Geldleistungs-, sondern auch Sachleistungsverpflichtungen mit einschließt.[25] Weiter sah der Gesetzgeber als zweites die Notwendigkeit einer Kosten- und Preisanpassung von Rückstellungen.[26] Denn nur bei einer stetigen Anpassung von Kosten kann gewährleistet sein, dass auch nach mehreren Jahren Rückstellungen einen ausreichenden Betrag aufweisen, um die notwendige Verbindlichkeit zu begleichen. Der Gesetzgeber nimmt mit der Begriffsänderung also nicht nur eine Formkorrektur vor, sondern versucht, die vorhandenen Bewertungsstandards in diesem Punkt auszuweiten.

---

[22] Vgl. *Padberg/Padberg/Werner*, 2010, S. 24.
[23] Vgl. *Der Betrieb*, 2009, S. 50.
[24] *Kessler/Leinen/Strickmann*, 2009, S. 274.
[25] Vgl. *Fülbier/Kuschel/Maier*, 2010, S. 48.
[26] Vgl. *Ernst/Naumann*, 2009, S. 78 ff. (Begründung zum Regierungsentwurf).

Zum ersten Punkt lässt sich sagen, dass der Begriff Rückzahlungsbetrag bisher zu stark auf die Geldleistungsverpflichtungen abgezielt hat. Der anzusetzende Betrag soll der sein, welcher zur Erfüllung der Verbindlichkeit notwendig ist, daher auch die Wortneuschöpfung Erfüllungsbetrag. Der Gesetzgeber strebt hiermit einen neutraleren Begriff an, welcher somit auch Sachleistungsverpflichtungen umfasst. Diese Sachleistungsverpflichtungen bzw. Sachwertverpflichtungen werden nach der Intention des Erfüllungsbetrages mit dem Betrag angesetzt, der zur ihrer späteren Erfüllung notwendig ist. In diesem Falle ist dies der im Erfüllungszeitpunkt voraussichtlich aufzubringende Geldbetrag um die jeweilige Verbindlichkeit zu begleichen.[27]

Zum zweiten Punkt lässt sich festhalten, dass eine Notwendigkeit in der Anpassung der Preise und Kosten liegt. Diese wurden, wie bereits geschildert, in einer mehr oder weniger stillschweigenden Weiterentwicklung der GoB bereits umgesetzt und werden mit der Änderung des § 253 Abs. 1 Satz 2 HGB offiziell legitimiert. So wird durch die Aufnahme des Begriffs die Vorschriften der GoB allgemein anerkannt und mögliche Unsicherheiten bei der Bilanzierung beseitigt. Der Gesetzgeber sieht eine Verbindung in der Höhe der Rückstellung mit den Preis- und Kostenveränderungen, bedingt durch die Zeit und dem im Zeitpunkt der Rückstellungsauflösung benötigten Betrag zur Ausgleichung der Verpflichtung. Weiter wird vom Gesetzgeber eine Aktualisierung der biometrischen Daten gefordert. Der Erfüllungsbetrag muss laut Gesetzgeber immer der unter der Berücksichtigung der nach vernünftiger kaufmännischer Beurteilung notwendige Betrag sein. Die Preis- und Kostensteigerungen können daher nur durch ausreichend objektive Hinweise vom jeweiligen Kaufmann begründet werden.[28]

Einen Punkt den das Gesetz nun nicht betrachtet ist die Möglichkeit, dass bei der Bewertung von Rückstellungen nicht nur Preis- und Kostensteigerungen, sondern theoretisch auch Preis- und Kostensenkungen eintreten könnten. Es klingt für sich genommen banal, wird aber weder vom Gesetz noch von der offiziellen Begründung zum Gesetz thematisiert. Fraglich ist also, ob diese möglichen Preis- und Kostensenkungen auch berücksichtigt werden müssten. Für eine Berücksichtigung spricht, dass der Gesetzeswortlaut auf den Erfüllungsbetrag abstellt. Dieser stellt auf den notwendigen Betrag ab, *„der im Zeitpunkt der Erfüllung der betrachteten*

---

[27] Vgl. *Ernst/Naumann*, 2009, S. 78 ff. (Begründung zum Regierungsentwurf).
[28] Vgl. *Ernst/Naumann*, 2009, S. 78 ff. (Begründung zum Regierungsentwurf).

Verpflichtung zur Begleichung dieser anfällt"[29]. Der hier beschriebene Betrag muss also um Aufwandsabweichungen nach oben, oder nach unten, korrigiert werden, um letztlich den wahren Erfüllungsbetrag zu finden. Auch wenn die Gesetzesbegründung nicht explizit auf diesen Sachverhalt eingeht, sondern lediglich eine Hilfestellung für die Auslegung des Gesetzeswortlauts gibt. Nichtsdestotrotz ist laut Zülch und Hoffmann eine Anpassung in beide Richtungen vorgesehen.[30] Die Gründe, die zu einer Kostenerhöhung führen bzw. sie rechtfertigen, sind z.B. Lohnpreissteigerungen die in Tarifverträgen garantiert werden oder auch Tarifvertragsverhandlungen die in der Folgeperiode anstehen.[31] Schätzungen auf der Grundlage einer Trendfortschreibung erscheinen nicht bei allen Rückstellungsarten sinnvoll. Sinnvoll erscheint die Kostenschätzung in Form einer Trendfortschreibung nur bei Sachleistungsverpflichtungen, Drohverlustrückstellungen sowie Instandhaltungs- und Abraumbeseitigungsrückstellungen. Weiter sollte der jeweilige Kaufmann von einer Schätzung gem. dem Prinzip der Trendfortschreibung absehen, wenn ihm selbst bessere Größen zur Schätzung vorliegen. Dies kann sich z.B. in Änderungen der Absatzsituation zeigen, welche in den früheren Perioden nicht berücksichtigt wurden. Als mögliche Gründe für die Reduzierung der Rückstellungen geben Zülch und Hoffmann nicht nur eine deflationäre Wirtschaft an, sondern als ihr Paradebeispiel die Modernisierung von Technologien. Mit dem Einsatz von fortschrittlicheren Technologien kann der zur Erfüllung notwendige Betrag reduziert werden. Daher reduziert sich auch der eigentliche Erfüllungsbetrag der Rückstellung. Der einzige Nachteil dieser Kostensenkung liegt in der Nachvollziehbarkeit. Denn nur wenn sich eine Kostensenkung deutlich abzeichnet, ist auch eine Reduzierung des Erfüllungsbetrages möglich. Teilweise kann dies auch bedeuten, dass Testläufe oder Ähnliches notwendig sind, um die Versprechungen zu überprüfen.[32]

Für die oben nicht genannten Geldleistungsverpflichtungen ist die Trendfortschreibung nicht passend. Gerade auch weil zeitweise immer bessere Daten vorliegen als die Inflationsraten der vergangenen Perioden. Hier sind u.a. die Schätzungen der renommierten Wirtschaftsinstitute zu nennen oder auch die der Deutschen Bundesbank. Diese liefern in regelmäßigen Abständen genaue Prognosen über die anstehende Inflation. Zülch und Hoffmann empfehlen nun für die

---

[29] *Zülch/Hoffmann*, 2009, S. 101.
[30] Vgl. *Zülch/Hoffmann*, 2009, S. 101.
[31] Vgl. *Küting/Pfitzer/Weber*, 2009, S. 327.
[32] Vgl. *Zülch/Hoffmann*, 2009, S. 101 f.

Praxis eine Mischung aus den anerkannten Informationen. Diese Mischung sollte durch die Bildung eines Mittelwertes aus allen anerkannten Daten im Ergebnis zu einem objektiveren Wert führen.[33] So könnte sich ein Objektivitätsstandard ergeben, der noch um einiges höher liegt. Daher bestehen auch gute Chancen, dass die Mittelwertbildung in der Praxis anerkannter sein wird, als die Festlegung auf einen einzelnen Prognosewert.

Es reicht demnach die nachvollziehbare, sowie fundierte Vermutung eines ordentlichen Kaufmanns aus. Jene ist aber im besten Falle noch mit objektiven Daten zu untermauern.

Ein weiterer Punkt der eine Rolle beim Erfüllungsbetrag spielt, ist die Diskussion zwischen Voll- und Teilkostenansatz bei ungewissen Sach- und Dienstleistungsverpflichtungen. Es stellt sich die Frage, inwieweit neben den Einzelkosten auch Gemeinkosten für diese Verpflichtungen anzusetzen sind. Gem. einer Ableitung des § 255 Abs. 2 und 3 HGB a.F. bestand ein Wahlrecht für Sach- und Dienstleistungsverpflichtungen. Eigentlich bezog sich dieses Wahlrecht auf die Ermittlung der Herstellungskosten mit dem Teilkostenansatz. Es war den Bilanzierenden daher gestattet, entweder nach Voll- oder nach Teilkostenansatz zu bilanzieren. Vorausgesetzt es wurde der Grundsatz der Bewertungsstetigkeit, also Bilanzklarheit und Bilanzwahrheit, gewahrt.[34] Daher war es möglich, das Prinzip der Herstellungskostenregelung von der Aktivseite der Bilanz auf die Passivseite analog zu übertragen. Auf Grundlage dessen entstand teilweise die Meinung, dass es möglich ist ungewisse Sach- und Dienstleistungsverpflichtungen nach dem Teilkostenansatz zu ermitteln. Wohingegen der Teilkostenansatz von der herrschenden Meinung abgelehnt wurde und man sich allgemein für den Vollkostenansatz aussprach. Mit den Änderungen des BilMoG gem. § 255 Abs. 2 HGB n.F. werden die analog abgeleiteten Wahlrechte nun eingeschränkt. Denn die Möglichkeit Herstellungskosten mit dem Teilkostenansatz zu ermitteln entfällt, es wird zukünftig verpflichtend der Vollkostenansatz vorgeschrieben.[35] Somit gibt es für den Teilkostenansatz keine Legitimationsgrundlage mehr. Mit dem Endergebnis, dass nun ungewisse Sach- und Dienstleistungsverpflichtungen mit dem Vollkostenansatz erfasst werden.

---

[33] Vgl. *Zülch/Hoffmann*, 2009, S. 102.
[34] Vgl. *Küting/Pfitzer/Weber*, 2009, S. 327 f.
[35] Vgl. *Kessler/Leinen/Strickmann*, 2009, S. 275 f.

Um nun bei den Gemeinkosten zu bleiben stellt sich die Frage, ob diese in den Erfüllungsbetrag mit einfließen. Generell soll der Erfüllungsbetrag der Betrag sein, der zur Erfüllung der zukünftigen Verpflichtung notwendig ist. Infolgedessen muss der Erfüllungsbetrag nur in der Lage sein, die in der Zukunft liegende Verpflichtung zu begleichen. Mit diesem Hintergrund ist es abzulehnen, dass Gemeinkosten berücksichtigt werden. Denn nur Kosten, die auch direkt der Verpflichtung zurechenbar sind, sind relevant. Kosten wie Verwaltungsgemeinkosten oder freiwillige Sozialkosten werden hauptsächlich durch den Betrieb des Unternehmens verursacht und können damit nicht explizit bestimmten Verpflichtungen zugeordnet werden. Darum scheint es sehr wahrscheinlich, dass Erfüllungsbeträge ohne Gemeinkosten abgebildet werden.[36]

Eine Abweichung von der Einbeziehung der Preis- und Kostenveränderung im Erfüllungsbetrag kann auch zulässig sein, weil speziell bei der Betrachtung von Rückstellungen deren Auflösung innerhalb des nächsten Jahres anstehen, eine zukunftsgerichtete Neubewertung eher weniger nötig ist. Demgemäß ist es möglich, die Preis- und Kostenänderungen, dann aber auch gleichzeitig die Diskontierung, zu unterlassen. Vorausgesetzt, dies hat eine den tatsächlichen Verhältnissen entsprechende Darstellung der Vermögens-, Finanz- und Ertragslage zur Folge.[37] Gerade bei Rückstellungen die nur noch wenige Monate laufen ist die mögliche Preis- und Kostenanpassung eher unwichtig, da sie unwesentlich sind. Die Veränderung ist unwesentlich, wenn für die eigentliche Bilanz und Vermögenslage keine Auswirkungen bestehen. Meist würde eine mögliche Preis- und Kostenanpassung sich gleichzeitig wieder mit der Diskontierung aufheben. So sieht man hier aus Einfachheitsgründen von Preis- und Kostenänderungen ab, solange dies nicht die Bilanz verfälscht.

In Zukunft entsteht dadurch eine Lücke zwischen Handels- und Steuerbilanz, die im Zweifel durch latente Steuern geschlossen werden muss. Gem. § 6 Abs. 1 Nr. 3a Buchst. f EStG, sind künftige Preis- und Kostensteigerungen nicht relevant, denn es sind die Wertverhältnisse am Bilanzstichtag wiederzugeben. In der Konsequenz werden Rückstellungen in der Handelsbilanz folglich meist höher bewertet als Rückstellungen in der Steuerbilanz.[38]

---

[36] Vgl. *Kessler/Leinen/Strickmann*, 2009, S. 275 f.
[37] Vgl. *Ernst/Naumann*, 2009, S. 109 f. (Begründung zum Regierungsentwurf).
[38] Vgl. *Freidank/Altes*, 2009, S. 78.

Abschließend lässt sich also festhalten, dass der Erfüllungsbetrag als neues Werkzeug einer anerkannteren objektiveren Bilanzbetrachtung mit dem BilMoG eingeführt wird. Dies ist ein Schritt in die Richtung einer realitätsnäheren Bilanz und somit auch Vermögenslage. Bedenken ergeben sich nur bzgl. der Umsetzung. Teilweise könnte es sein, dass Branchen, die keine Trendanalysen oder Ähnliches vorweisen können, auch mit einer verbindlichen Regelung wie der des Erfüllungsbetrages nicht zu objektiveren Ergebnissen kommen können.

b) Diskontierung

Die zweite große Änderung für die Rückstellungsbewertung ist in der Diskontierung von mittel- und langfristigen Rückstellungen zu sehen. Das bisherige Wahlrecht zur Diskontierung wurde mit der Einführung des BilMoG durch eine verpflichtende Regelung ersetzt und findet sich nun in § 253 Abs. 2 HGB n.F..

Im Referentenentwurf wurde vorgeschlagen, die Diskontierung für alle Rückstellungen mit einer Restlaufzeit von über fünf Jahren einzuführen. Der übrige Rest, der sich zwischen den Jahren null und fünf befindet, sollte nicht diskontiert werden.[39]

Heute wird die Diskontierung für alle Rückstellungen, deren Restlaufzeit bei über einem Jahr liegt, gem. § 253 Abs. 2 HGB n.F. vorgeschrieben. Im Umkehrschluss bedeutet dies, dass für Rückstellungen, deren Restlaufzeit unter einem Jahr liegt, es zukünftig nicht möglich ist, bei der Bewertung eine Diskontierung mit einfließen zu lassen. Eine weitere Diskontierungsausnahme ist bei versicherungstechnischen Rückstellungen zu finden. Gem. § 341 Abs. 1 Satz 3 HGB n.F. werden auch diese zukünftig von jeglicher Möglichkeit zur Diskontierung ausgeschlossen.[40] Die Diskontierung an sich findet mit einem Diskontierungssatz statt, der allgemeinverbindlich von der Deutschen Bundesbank festgelegt wird. Dieser Diskontierungssatz wird gem. der RückAbzinsV, einer Rechtsverordnung, welche keiner Legitimation des Bundesrates bedarf, monatlich bestimmt und veröffentlicht.[41] Entgegen der Praxis des EstG wird der dort in § 6 festgeschriebene Zinssatz nicht übernommen. Daher entsteht für den Bilanzierenden möglicherweise die Notwendigkeit, aufgrund der Abweichung zwischen Handels- und Steuerbilanz latente Steuern zu bilden.[42] Ein Vorteil dieser monatlichen Veröffentlichung ist bei den

---

[39] Vgl. *Der Betrieb*, 2009, S. 50.
[40] Vgl. *Küting/Pfitzer/Weber*, 2009, S. 328.
[41] Vgl. *Freidank/Altes*, 2009, S. 80.
[42] Vgl. *Küting/Pfitzer/Weber*, 2009, S. 331.

Unternehmen zu sehen. Diese sind in der Lage, die Zinssätze ohne großen Aufwand zu übernehmen. Den Unternehmen entsteht also ein Kostenvorteil, da ihr normaler Aufwand zur Ermittlung von Zinssätzen entfällt.[43]

Die Diskontierung von Verpflichtungen die in ausländischen Währungen vorliegen, wie dies im Referentenentwurf vorgeschlagen wurde, ist gegenüber der n.F. aufgegeben worden. Eigentlich wurde vorgesehen, dass die jeweilige Währung bei der Diskontierung berücksichtigt werden sollte. Es wurde aber aus Einfachheitsgründen akzeptiert, dass auch ausländische Verpflichtungen mit den Zinssätzen der Deutschen Bundesbank diskontiert werden. Dies ist aber nur so lange möglich, wie der Diskontierungsfaktor zu einer den tatsächlichen Verhältnissen entsprechenden Vermögens-, Finanz- und Ertragslage führt. Dies bedeutet in der Konsequenz, dass wenn das Zinsniveau der ausländischen Verpflichtung übermäßig stark von dem Zinsniveau in Europa abweicht und zusätzlich noch der Verpflichtung eine hinreichende Bedeutung zugeschrieben wird, muss das Unternehmen selbst handeln. Dann ist das Unternehmen selbst in der Pflicht, die durchschnittlichen Marktzinssätze der vergangenen sieben Geschäftsjahre für die jeweiligen Verpflichtungen zu ermitteln und anschließend diese der Diskontierung zu Grunde zu legen.[44] *„So verbleiben dem Bilanzierenden weitere Ermessensspielräume, wenn er eine Abweichung vom tatsächlichen Bild der Vermögens-, Finanz- und Ertragslage stichhaltig belegen kann."*[45] Es wird davon ausgegangen, dass gerade in Europa die Zinssätze in allen Mitgliedsstaaten so gut wie übereinstimmen. Daher können für EU-Fremdwährungen auch die Zinssätze der Deutschen Bundesbank genutzt werden. Auch in den USA herrscht ein ähnliches Zinsniveau wie in Deutschland und somit scheint auch hier die Anwendung der deutschen Zinssätze passend. Alternativ bietet sich zur Eigenberechnung die Variante des externen Einkaufs bei Unternehmen an, die sich auf diese Berechnungen spezialisiert haben.[46]

Weiter ist es der Grundgedanke des Barwerts, der in diesem Falle auch durchschlägt. Denn die *„wahre Belastung sei bei der Bewertung nur dann angemessen berücksichtigt, wenn die Möglichkeit der Investition der in den Rückstellungen gebundenen Finanzmittel bedacht würde"*[47]. Das macht Sinn, da die Rückstellung

---

[43] Vgl. *Zülch/Hoffmann*, 2009, S. 105.
[44] Vgl. *Der Betrieb*, 2009, S. 50 f.
[45] *Küting/Pfitzer/Weber*, 2009, S. 332.
[46] Vgl. *Zülch/Hoffmann*, 2009, S. 105.
[47] *Küting/Pfitzer/Weber*, 2009, S. 329.

selbst als gebundenes Kapital angelegt werden kann, um zumindest Zinsen zu erhalten. Mit diesen Zinserträgen bietet sich die Möglichkeit, den Erfüllungsbetrag zu finanzieren bzw. zu amortisieren, da der Erfüllungsbetrag jährlich um die erhaltenen Zinserträge aufgestockt werden kann.[48]

Der Diskontierungssatz wird wie oben beschrieben von der Deutschen Bundesbank ermittelt. Er wird gem. § 253 Abs. 2 Satz 1 HGB n.F. aus den durchschnittlichen Marktzinssätzen der vergangenen sieben Geschäftsjahre, unter Berücksichtigung der Restlaufzeit der jeweiligen Rückstellung, gebildet. Dies hat für den Bilanzierenden zur Folge, dass er seinen Zinssatz aus einer Tabelle, die die Deutsche Bundesbank monatlich neu veröffentlicht, ablesen kann. Der Gesetzgeber möchte so natürlich die Bilanzobjektivierung voran treiben, aber auch mit der Durchschnittsbildung der Marktzinssätze eine Zinsglättung erzeugen. Mit dieser Methode gelingt es der Bundesbank zufällige Zinsschwankungen in einigen Jahren auszugleichen, um in der Folge einen geeigneten Mittelwert zu erzeugen. Das Resultat daraus hat natürlich eine gleichmäßigere und daher aber auch genauere Rückstellungshöhe zur Folge. Der deutsche Gesetzgeber hat mit dieser Methode im Vergleich zu anderen Bilanzierungsstandards eine sehr simple Variante gewählt. Im Endergebnis zeigt sich aber eine ähnliche Auswirkung auf die Bilanz. Diese Auswirkung konnte aber nur durch eine Korrektur des Referentenentwurfs erreicht werden. Dort wurde eine Durchschnittsbildung der Marktzinssätze der vergangenen fünf Jahre vorgesehen. In aufwendigen Simulationsrechnungen zeigte sich dann, dass erst mit einem Durchschnittszinssatz der letzten sieben Jahre adäquate Ergebnisse erzeugt werden können.[49] Das Ergebnis der Deutschen Bundesbank wird, wie bereits erwähnt, monatlich veröffentlicht. In dieser Veröffentlichung soll sichergestellt werden, dass alle Unternehmen mit passenden und natürlich auch einheitlichen Zinssätzen versorgt werden. Demzufolge wird eine Zinsstrukturkurve veröffentlicht, welcher *„für ganzjährige Restlaufzeiten zwischen einem und 50 Jahren der für die Abzinsung heranzuziehende durchschnittliche Marktzins zu entnehmen ist."*[50] Unternehmer können daher laufzeitkongruent diskontieren, d.h. dass die Restlaufzeit mit der Fristigkeit des Diskontierungszinssatzes übereinstimmen muss.[51] So wird u.a. gewährleistet,

---

[48] Vgl. *Küting/Pfitzer/Weber*, 2009, S. 329 f.
[49] Vgl. *Kessler/Leinen/Strickmann*, 2009, S. 279.
[50] *Kessler/Leinen/Strickmann*, 2009, S. 280.
[51] Vgl. *Zülch/Hoffmann*, 2009, S. 104.

dass Unternehmen, die ihren Stichtag nicht am Jahresende haben, immer mit aktuellen Zinssätzen arbeiten können.

Die Berechnung der Zinsstrukturkurve sollte laut dem Referentenentwurf des BilMoG, noch anhand einer Durchschnittsbildung mit hochklassigen Industrieanleihen stattfinden. Die Zinsstrukturkurvenberechnung, die nun mit dem BilMoG eingeführt wurde, legt entgegen des Entwurfes eine Null-Koupon-Zinsswapkurve zu Grunde. Diese soll im Gegensatz zu den Industrieanleihen eine verlässlichere Aussage über das Niveau der Zinsen treffen können. Weitere Vorteile sind in der längeren Laufzeitberechnung sowie in der geringeren Beeinflussung durch Nachfrageschwankungen zu sehen.[52] Im Gespräch waren auch Anleihen der öffentlichen Hand. Diese hätten aber ebenfalls zu einer zu geringen Laufzeitberechnung geführt, sowie das Problem aufgeworfen, dass sie wegen dem geringeren Ausfallrisiko auch geringere Zinssätze aufweisen. Im Endeffekt wäre somit die Bewertung der Rückstellungen zu hoch ausgefallen.[53] Weiter stand auch die Frage im Raum, ob die Diskontierung mit einem Durchschnittszinssatz oder einem Stichtagzinssatz ablaufen soll. Entschieden wurde sich natürlich für den Durchschnittszinssatz. Man begründete dies mit einer geringeren Anfälligkeit gegenüber Zinsschwankungen, was wiederum eine geringere Schwankung der Rückstellungen zur Folge hat. Ebenso bleibt das Bild der Bilanz über die Jahre gesehen einheitlicher.[54]

Nach der erstmaligen Bewertung der Rückstellungen steht zu jedem Bilanzstichtag eine Folgebewertung an. Ist bei der Erstbewertung die Rückstellung mit ihrem Barwert angesetzt worden, gibt es zwei Punkte die beachtet werden müssen. Zum einen muss der Barwert des Erfüllungsbetrages an die meist kürzere Laufzeit angepasst werden. D.h., dass Rückstellungen, die mit ihrem Barwert in der ersten Periode bilanziert wurden, über ihre Laufzeit hinweg an jedem Stichtag aufzuzinsen sind. Es folgt also jährlich eine Zuführung in Höhe der Verzinsung. Zum anderen muss der Diskontierungssatz jedes Jahr überprüft werden. Falls er sich ändert, muss diese Änderung sich auch in der Rückstellung niederschlagen. Mit der Einhaltung dieser Regelung kann die wahre Belastung der Gesellschaft, jedes Jahr aufs Neue, abgebildet werden.[55]

---

[52] Vgl. *Kessler/Leinen/Strickmann*, 2009, S. 280.
[53] Vgl. *Der Betrieb*, 2009, S. 51.
[54] Vgl. *Zülch/Hoffmann*, 2009, S. 104.
[55] Vgl. *Küting/Pfitzer/Weber*, 2009, S. 332 f.

Letztlich verbleibt nur noch die Frage nach der Handhabung von Rückstellungen, deren Restlaufzeit unterhalb eines Jahres liegt. Im Folgenden als kurzfristige Rückstellungen bezeichnet. Theoretisch fallen die kurzfristigen Rückstellungen in den Bereich einer Regelungslücke. Aus dem Umkehrschluss des § 253 Abs. 2 Satz 1 HGB n.F. unterliegen sie keiner Diskontierungspflicht. Küting, Pfitzer und Weber stellen sich nun die Frage, ob der § 253 Abs. 2 Satz 1 HGB n.F. nun absichtlich, in Folge des ungeregelten Sachverhalts der kurzfristigen Rückstellungen, die analoge Anwendung auf kurzfristige Rückstellungen ausschließen will, oder ob der Gesetzgeber den Bilanzierenden ein Wahlrecht bzgl. einer unterjährigen Diskontierung einräumen möchte. Es ist ihrer Meinung nach nicht aus dem Gesetzestext erkennbar, welche Option der Gesetzesgeber beabsichtigt hat. Die Regierungsbegründung zum Referentenentwurf selbst ließ noch auf ein Diskontierungswahlrecht für kurzfristige Rückstellungen hoffen. Dort sprach man sich für eine Unbedenklichkeit bei Zinseffekten von Rückstellungen, welche kleiner als zwölf Monate sind, aus. Im Gesetzgebungsverfahren wurde von dieser Passage abgesehen. Die Auslegung zugunsten eines Diskontierungswahlrechts ist aber laut HGB n.F. mehr als wahrscheinlich, denn das HGB n.F. geht von einer ertragsbringenden Anlagemöglichkeit, von den in den Rückstellungen gebundenen Mitteln aus. Folglich darf kein Diskontierungsverbot für kurzfristige Rückstellungen ausgesprochen werden. Dieses Wahlrecht ergibt sich für alle Rückstellungsarten mit einer Restlaufzeit von einem Jahr oder kleiner, aber auch für langfristige Rückstellungen in ihrem letzten Jahr vor der Auflösung. Das lässt sich aus der Einführung des Begriffes „Restlaufzeit" schließen.[56] Dem Gedankengang ist zuzustimmen, auch wenn unterjährige Rückstellungen nicht explizit diskontiert werden müssen. So sind bei ihnen auch Zinseffekte in minimaler Größe zu finden. Die Deutsche Bundesbank hat sich die Ermittlung der unterjährigen Zinssätze erspart, da die erzeugten Effekte kaum spürbar in den einzelnen Bilanzen auftreten würden. Darum ist auch der eigentliche Sinn des Barwerts, nämlich einer realitätsgenaueren Darstellung der Bilanz bei kurzfristigen Rückstellungen, unerheblich. Dem Problem, wie nun die Berechnung der Diskontierungszinssätze von statten gehen soll, widmen sich Zülch und Hoffmann in ihrem Kommentar. Sie geben drei Möglichkeiten an, um unterjährige Zinssätze zu ermitteln.

In der ersten Möglichkeit schlagen sie vor, durch lineare Interpolation, gem. der von der Deutschen Bundesbank veröffentlichten Zinssätze, exakt die Zinssätze

---

[56] Vgl. *Küting/Pfitzer/Weber*, 2009, S. 330 f.

anhand der unterjährigen Restlaufzeit zu ermitteln. Diese Methode hätte die am besten darstellende Vermögens-, Finanz- und Ertragslage zur Folge. Durch eine Interpolation ist es also möglich, eine Funktion aus den von der Deutschen Bundesbank ermittelten Zinssätzen abzuleiten. Mit dieser Funktion kann dann auch unterjährig ein Zinssatz abgelesen werden. Diese Methode wird vorgeschlagen, da diese leichter zu handhaben bzw. zu erstellen ist. Zusätzlich besteht in diesem Falle kein großer Unterschied zwischen einer linearen und einer punktbezogenen Interpolation. *„Da die von der Bundesbank ermittelten Zinsverläufe zwischen unmittelbar aufeinander folgenden ganzjährigen Restlaufzeiten relativ flach sein sollten."*[57] [58] Die zweite Methode sieht nun vor, eine unternehmenseigene Interpolation durchzuführen. Hier steht keine Interpolation der beiden Zinssätze an, sondern es wird der kleinere von beiden Zinssätzen ausgewählt. Dieser wird dann als Diskontierungssatz für die jeweiligen Rückstellungen genommen. Der Vorteil dieser Methode ist zum einen in der Einfachheit zu sehen, zum anderen wird der Gedanke des Vorsichtsprinzips mit dieser Methode bestätigt.[59] Denn bei der Wahl des niedrigeren Zinssatzes ist der Rückstellungsbetrag höher, da der Faktor mit dem diskontiert wird, niedriger ist. Folglich wird der größere Rückstellungsbetrag bilanziert, auch wenn er möglicherweise nur minimal größer ist. Die dritte Methode spricht sich für die Anwendung des Zinssatzes aus, der näher an der Restlaufzeit der Rückstellung liegt. Hier wird eine genauere Vermögens-, Finanz- und Ertragslage als in der zweiten Alternative dargestellt, denn bei der genauen Mitte der Zeitlinie würde unter der Berücksichtigung des Vorsichtsprinzips der niedrigere Zinssatz anzuwenden sein. Jedoch wird bei Rückstellungen die näher an dem höheren Zinssatz liegen, das Vorsichtsprinzip etwas vernachlässigt, da sie nämlich theoretisch mit einem etwas zu hohen Zinssatz diskontiert würden und dadurch in der Summe einen geringeren Rückstellungsbetrag ausweisen würden. Welche dieser drei Methoden sich durchsetzen wird bleibt abzuwarten. Festzuhalten ist, dass die Methode mit der linearen Interpolation wohl das genaueste, aber auch komplizierteste Verfahren für die Rückstellungsbewertung darstellt. Weiter ist die Wahl einer Methode verbindlich und kann nicht im Laufe der Zeit geändert werden. Daher ist bei der Umstellung

---

[57] *Zülch/Hoffmann*, 2009, S. 105.
[58] Vgl. *Zülch/Hoffmann*, 2009, S. 105.
[59] Vgl. *Zülch/Hoffmann*, 2009, S. 106.

auf die BilMoG-Vorschriften der bilanzpolitische Spielraum von dem jeweiligen Unternehmen genau abzuwägen.[60]

Nachdem nun auf kurz- und langfristige Rückstellungen eingegangen worden ist, stellt sich letztlich noch die Frage, wie ein Rückstellungsposten behandelt wird, der aus mehreren Rückstellungen besteht. Ein Beispiel hierfür wären Garantieverpflichtungen. Gem. § 240 Abs. 4 HGB a.F. war es möglich, diese Schuldenart in Form einer Gruppenbewertung zu erfassen. Voraussetzung waren die Tatbestandsmerkmale Gleichartigkeit und Gleichwertigkeit. Auch in der Fassung des § 240 Abs. 4 HGB n.F. wird weiterhin eine Gruppenbildung möglich sein. Die Diskontierung könnte als fraglich erachtet werden, da bei einer Zusammenfassung der Rückstellungen die Höhe aufgrund der Diskontierungssätze und Zeiträume variieren kann. Unter bestimmten Voraussetzungen kann es aber auch möglich sein, eine mittlere Laufzeit zu bestimmen und auf dessen Grundlage einen Zinssatz zu erhalten, mit dem die Gruppe der Rückstellungen diskontiert werden kann.[61]

Für die Diskontierung von Rückstellungen wurde ein einheitliches und für Unternehmen auch kostengünstiges Verfahren entwickelt und eingeführt. Die Pflicht zur Diskontierung unterstreicht den modernen Charakter des BilMoG und offenbart dem HGB eine Bilanzbetrachtung die den dynamischen Verfahren gerecht wird.

2. Pensionsrückstellungen

Pensionsrückstellungen haben wohl mit die größten Veränderungen durch das BilMoG erfahren. Fortan werden Pensionsrückstellungen gem. § 253 Abs. 2 HGB n.F. mit ihrem Barwert bewertet. Dies wird in der Zukunft größere Bilanzveränderungen nach sich ziehen.[62] Die bisherigen sechs Prozent aus der Steuerbewertung werden aller Voraussicht nach von den Zinssätzen der Deutschen Bundesbank unterschritten. Die Folge wird eine allgemeine Erhöhung der Pensionsrückstellungen sein. Denn je höher das Zinsniveau der Diskontierung, umso geringer würde die Höhe der Pensionsrückstellung ausfallen.

Weiter umfasst die Neufassung des § 253 HGB n. F. drei Hauptänderungen die Pensionsrückstellungen betreffen.

---

[60] Vgl. *Zülch/Hoffmann*, 2009, S. 106.
[61] Vgl. *Der Betrieb*, 2009, S. 52.
[62] Vgl. Fischer/Günkel/Neubeck/Pannen, 2009, S. 147 f.

Erstens wird gem. § 253 Abs. 1 Satz 2 HGB n.F. ebenso wie bei der Rückstellungsbewertung, die Einflussnahme von Preis- und Kostenänderungen zu berücksichtigen sein. Also auch hier muss die Pensionsrückstellung den Betrag mit Blick in die Zukunft ansammeln, der zur Erfüllung notwendig ist. Bei Pensionsrückstellungen sind also z.B. Gehalts- und Rententrends zu berücksichtigen. Weiter gilt gem. der Neueinführung des § 253 Abs. 1 Satz 3 HGB n.F. für wertpapiergebundene Pensionsverpflichtungen, dass diese mit dem beizulegenden Zeitwert der Wertpapiere zu bilanzieren sind. Vorausgesetzt, dieser Wert übersteigt die garantierte Mindestzusage. Als drittes wird gem. § 246 Abs. 2 Satz 2 HGB n.F. die Verrechnung von Planvermögen und Schulden verlangt. D.h., dass Vermögensgegenstände, die ausschließlich zur Erfüllung der Pensionsverpflichtung bilanziert wurden, nun mit der entsprechenden Verpflichtung verrechnet werden. Das Planvermögen wird gem. § 253 Abs. 1 Satz 4 HGB n.F. auch mit dem beizulegenden Zeitwert bewertet.[63]

Keine Änderungen gibt es in den eigentlichen Bewertungsverfahren. Weiterhin sind das versicherungsmathematische Teilwertverfahren und das international anerkannte Anwartschaftsbarwertverfahren möglich. Der Bewertungsstichtag ist wie bisher auch gem. § 252 Abs. 1 Nr. 3 HGB n.F. der Bilanzstichtag. Es wird zukünftig die gängige Methode sein, dass Gutachten über die Pensionsbewertung bereits zwei bis drei Monate vor dem Bilanzstichtag eingeholt werden. Diese Gutachten schätzen bereits die Höhe der Pensionsverpflichtung am Bilanzstichtag. Vorausgesetzt, zwischen der Erstellung des Gutachtens und dem Bilanzstichtag passieren keine größeren Veränderungen, die sich in einem Ausschlag in der Bilanz zeigen würden. Hier sind hauptsächlich Änderungen im Mengengerüst zu nennen. Andere Veränderungen wie z.B. Kostentrends oder Durchschnittszinssätze unterliegen selbst kurzfristigen Schwankungen und können daher unberücksichtigt bleiben. Weiter sind von diesen Neuerungen alle bilanzierenden Kaufleute betroffen.[64]

a) Erfüllungsbetrag

Pensionsrückstellungen werden zukünftig gem. § 253 Abs. 1 Satz 2 HGB n.F. mit dem Erfüllungsbetrag bilanziert. Daher sind zu erwartende Preis- und Kostenänderungen mit einzubeziehen.

---

[63] Vgl. *Kessler/Leinen/Strickmann*, 2009, S. 293 f.
[64] Vgl. *Kessler/Leinen/Strickmann*, 2009, S. 294 f.

Preis- und Kostenänderungen im Bereich von Pensionsrückstellungen sind u.a. als Gehaltstrends zu identifizieren. Im Detail sind hier künftige Tariferhöhungen und zeitlich unbestimmte Beförderungen oder Versetzungen an einen besser bezahlten Arbeitsplatz zu nennen. Die Bewertung zum Bilanzstichtag wird, entgegen der bisherigen Auffassung des Bundesfinanzhofs, gem. § 252 Abs. 1 Nr. 3 HGB n.F., nicht nach Maßgabe der Preise am Stichtag durchgeführt. Es wird gefordert, dass *„die Höhe von Schulden unter der Annahme ihrer planmäßigen Erfüllung im Rahmen der zukünftigen Unternehmenstätigkeit zu schätzen"*[65] sind. Demnach sind zukünftige Preis- und Kostensteigerungen rückstellungserhöhend am Stichtag zu berücksichtigen. Um die durchgeführten Schätzungen nachvollziehen zu können, sollte mit Blick auf den Objektivierungsgedanken der GoB, der Planungshorizont festgelegt werden. Gem. § 253 Abs. 1 Satz 2 HGB n.F. sind auch Pensionsrückstellungen zukünftig mit dem nach vernünftiger kaufmännischer Beurteilung notwendigen Erfüllungsbetrag anzusetzen. Die Interpretation des Erfüllungsbetrages ist hier die gleiche, wie bei den normalen Rückstellungen, lediglich die Indikatoren bzw. Faktoren der Preis- und Kostenänderungen bei Pensionsrückstellungen sind teilweise anders.[66]

Der Erfüllungsbetrag der Pensionsrückstellungen kann sich durch eine Erhöhung der Versorgungszusagen ändern, entweder in Form von gesetzlichen Vorschriften oder aber durch eine vertragliche Vereinbarung. Fraglich ist jedoch, wie die Handhabung genau aussehen wird. Eine Möglichkeit besteht in einer Erhöhung in Abhängigkeit eines Preisindexes, um den Schutz gegen Preisinflation zu berücksichtigen. Eine andere Möglichkeit wäre eine Erhöhung um einen festgelegten Prozentsatz. Dieser Satz könnte an den Inflationsindex oder andere Sätze gebunden sein. Letztlich muss eine periodengerechte Erhöhung erfolgen, daher sind vertragliche und gesetzliche Anpassungen immer zu berücksichtigen. Diese Erhöhungen können aber teilweise an Voraussetzungen geknüpft werden. D.h., dass Unternehmen nur bei einer ausreichenden Ertragslage an die Bedingung der Erhöhung gebunden sind. Das Unternehmen kann sich einer Anpassung dann nur bei einer schlechten Ertragslage entziehen. In diesem Fall ist auszuschließen, dass ein Unternehmen eine schlechte Ertragslage vorsätzlich herbeiführt, um sich einer Erhöhung zu entziehen.[67] Eine Rückstellungserhöhung zu vermeiden, auf Kosten

---

[65] *Küting/Pfitzer/Weber*, 2009, S. 351.
[66] Vgl. *Küting/Pfitzer/Weber*, 2009, S. 350 ff.
[67] Vgl. *Kessler/Leinen/Strickmann*, 2009, S. 296.

der Ertragslage, ist sehr unwahrscheinlich. Da es bei einer guten Ertragslage kein Problem ist die Pensionsrückstellungen aufzustocken, soll der Unternehmer dann aber gerade bei einer schlechten Ertragslage geschützt werden.

Ein weiterer Diskussionspunkt ist dort zu sehen, wo Unternehmen selbstständig in Form einer Ermessensentscheidung ihren Erfüllungsbetrag bestimmen. *„Auch hier kann auf die Schätzungen der Deutschen Bundesbank oder Wirtschaftsforschungsinstitute beziehungsweise langfristige Durchschnitte zurückgegriffen werden."*[68] Hier könnten sich Unternehmen, durch eine geringere Erhöhung, höheren Verpflichtungen entziehen. In der Praxis wird wohl auf den Einzelfall und die Glaubwürdigkeit eines jeden Unternehmens abzustellen sein. Kriterien zur Bewertung der Glaubwürdigkeit wird u.a. die angemessene Pensionsrückstellungsanpassung in der Vergangenheit sein. Ein fast gleiches Problem liegt bei Pensionsrückstellungen, deren Höhe sich nach dem Endgehalt richtet. Falls das Unternehmen nicht tarifgebunden ist, liegt es in seinem eigenen Ermessen Gehaltserhöhungen oder Ähnliches vorzunehmen. Diese Gehaltstrends werden jedoch beim Erfüllungsbetrag berücksichtigt. Weiter geht man davon aus, dass Unternehmen sich Gehaltsanpassungen nicht entziehen können. Denn ein Unternehmen, was täglich dem Wettbewerb am Arbeitsmarkt ausgesetzt ist, muss über kurz oder lang die Löhne anpassen, andernfalls würde oder könnte es zumindest eine Mitarbeiterabwanderung geben.[69]

Als letztes verbleiben noch außerordentliche Ereignisse, welche die Höhe der Pensionsrückstellungen betreffen können. Hier sind unerwartete Beförderungen oder Gehaltserhöhungen sowie Versetzungen an einen besser bezahlten Arbeitsplatz zu nennen. *„Nach § 249 Abs. 1 HGB i.V.m. § 253 Abs. 1 Satz 2 HGB ist der voraussichtliche Erfüllungsbetrag der bereits erworbenen oder gewährten Versorgungsansprüche zu schätzen. Er hat seine Grundlage in dem gegenwärtigen arbeitsvertraglichem Verhältnis des Berechtigten. Der aus dieser Grundlage resultierende Versorgungsanspruch kann sich durch Gesetz, Einzel- oder Betriebsvereinbarungen oder Ermessensentscheidungen des Unternehmens der Höhe nach ändern."*[70] Die gleiche Meinung teilen auch Zülch und Hoffmann, sie sprechen sich für eine GoB konforme Bilanzierung von Karrieretrends aus. D.h. im Kontext der GoB sollten mögliche Beförderungen erst berücksichtigt werden,

---

[68] *Zülch/Hoffmann*, 2009, S. 102.
[69] Vgl. *Kessler/Leinen/Strickmann*, 2009, S. 296 f.
[70] *Kessler/Leinen/Strickmann*, 2009, S. 297.

wenn genügend objektive Hinweise dafür vorliegen. Sie bezeichnen ihre Haltung zur Bilanzierung daher selber als eher konservativ.[71]

Diese Faktoren fließen alle in die Bewertung des Erfüllungsbetrages mit ein, jedoch kann eine zukünftige mögliche Beförderung heute noch keinen Effekt auf den Erfüllungsbetrag haben, denn das mögliche zukünftige neue Lohnniveau ändert den heutigen Versorgungsanspruch gänzlich. Daher kann ein solches Ereignis erst mit seinem Eintritt erfasst und im Erfüllungsbetrag ausgewiesen werden. Weiter dürfen auch die möglichen Änderungen in der Zukunft, wie bei der Versorgungsordnung oder der Pensionsformel, heute keinen Einfluss auf den Erfüllungsbetrag haben.[72] Die Handhabung der Preis- und Kostenänderungen in Form des Erfüllungsbetrages ähnelt bei der Pensionsrückstellung stark den Rückstellungen. Bis auf die unterschiedlichen Faktoren, die die Preis- und Kostenständerungen verursachen. Wichtig bleibt hier zu beachten, dass Änderungen der Pensionszusagen nur bei fester Voraussicht berücksichtigt werden können bzw. müssen. Eine mögliche Veränderung reicht nicht aus, um sie zu berücksichtigen.

b) Wertpapiergebundene Pensionszusagen

Bei wertpapiergebundenen Pensionszusagen gem. § 253 Abs. 1 Satz 3 HGB n.F. löst man sich von dem Gedanken eines nach vernünftiger kaufmännischer Beurteilung notwendigen Erfüllungsbetrages. Wertpapiergebundene Pensionszusagen werden zukünftig mit dem beizulegenden Zeitwert dieser Papiere bewertet. Falls die Zusage einen Mindestbetrag vorsieht hat die Bewertung mit diesem mindestens oder aber ansonsten in Höhe des beizulegenden Zeitwerts, zu erfolgen. Dies schließt alle Wertpapiere ein *„die nach handelsrechtlichen Grundsätzen prinzipiell bei den Finanzanlagen als Wertpapiere des Anlagevermögens"*[73] gem. § 266 Abs. 2 A III 5 HGB n.F. bilanziert werden. Sie werden jedoch nicht zwingend unter diesem Punkt erfasst, da sie allem Anschein nach einer Verrechnung unterliegen oder das Unternehmen sie gar nicht im eigenen Bestand hält. Der beizulegende Zeitwert bestimmt sich gem. § 255 Abs. 4 HGB n.F. für alle Aktien, Fondsanteile und Schuldverschreibungen, die unter diese Rubrik fallen.[74] *„Diese Möglichkeit der Rückstellungsbewertung richtet sich ausschließlich an*

---

[71] Vgl. *Zülch/Hoffmann*, 2009, S. 102.
[72] Vgl. *Kessler/Leinen/Strickmann*, 2009, S. 297 f.
[73] *Fischer/Günkel/Neubeck/Pannen*, 2009, S. 150.
[74] Vgl. *Fischer/Günkel/Neubeck/Pannen*, 2009, S. 150.

Zusagen, die nicht unter das Betriebsrentengesetz (BetrAVG) fallen und sich wohl an beherrschende Gesellschafter-Geschäftsführer richten."[75] Der also hier angesprochene Bereich ist vom Arbeitnehmerschutzgesetz nicht erfasst, denn es ist eine Versorgungsleistung, die von einem externen Versorgungsträger ausgeht und nicht intern finanziert wird. Daher verbleibt der Kreis der nicht Schutzbedürftigen, bei denen diese Versorgungsleistungen mit dem beizulegenden Zeitwert zu erfassen sind. Deshalb ist es in diesen Fällen auch nicht nötig, ein Pensionsgutachten zu erstellen.[76]

Bei der Bilanzierung selbst sind mehrere Punkte zu beachten. Erstens kann sich die Höhe des beizulegenden Zeitwerts auch an Aktien oder Portfolios bemessen, die noch nicht im Besitz des Unternehmens sind. Bis zu dem Zeitpunkt des Erwerbs, trägt der Bilanzierende aber selbst das Risiko von Wertschwankungen. Gem. § 253 Abs. 1 Satz 3 HGB n.F. ist dieser Fall vom Gesetzgeber nicht berücksichtigt, da er mit dem Verweis auf § 266 Abs. 2 A III 5 HGB n.F. nur auf Aktien verweist, die bereits erworben wurden. Zweitens bleibt das Anschaffungskostenprinzip auch hier bestehen, denn auch wenn sich die Höhe der Verpflichtung nach dem beizulegenden Zeitwert bestimmt und bei einer Erhöhung des Zeitwerts der Differenzbetrag den Pensionsrückstellungen gutgeschrieben wird, so bleibt der Vermögensgegenstand auf der Aktivseite weiterhin mit den Anschaffungskosten zu bewerten. Auch wenn dadurch zwischen Aktiv- und Passivseite Bewertungsunterschiede entstehen können. Als letztes ist noch zu berücksichtigen, dass bei einem Sinken des beizulegenden Zeitwerts unter die garantierte Mindesthöhe, sich die Rückstellungshöhe nach dem Garantiebetrag der zugesagten Leistung bestimmt.[77] Die wertpapiergebundene Pensionsrückstellung kann also dank dem offiziellen Markt, der ihr zugrunde liegt, am Stichtag eine genaue Bewertung zum beizulegenden Zeitwert erfahren. Es ist also nicht nötig eigene Kostensteigerungstendenzen oder Ähnliches zu berücksichtigen, da alles bereits im marktaktuellen Kurs enthalten ist.

c) Diskontierung von Pensionsrückstellungen

Neben der Berücksichtigung von Preis- und Kostenveränderungen stellt die neue Diskontierung wohl die größte Änderung für die Behandlung von Pensionsrück-

---

[75] *Küting/Pfitzer/Weber*, 2009, S. 353.
[76] Vgl. *Küting/Pfitzer/Weber*, 2009, S. 353.
[77] Vgl. *Küting/Pfitzer/Weber*, 2009, S. 353.

stellungen dar. Die Handhabung der Diskontierung mit der Grundlage einer Zinsstrukturkurve, basierend auf einem Null-Koupon-Zinsswap, bis hin zur Bildung eines Durchschnittszinssatzes um Glättungseffekte zu erzeugen, ist vom Ablauf genau wie bei den sonstigen Rückstellungen.[78] Dieser Abschnitt soll sich nun mit dem Spezialfall der Pensionsrückstellungen auseinandersetzen und die Diskontierung der sonstigen Rückstellungen ergänzen.

Bisher wurden Pensionsrückstellungen mit ca. drei bis sechs Prozent diskontiert. Dieser Rahmen war durch das Steuerrecht gem. § 6 EstG indirekt auf maximal sechs Prozent begrenzt. Die Untergrenze wurde meist aus Kommentarliteratur abgeleitet, wobei es sich für Unternehmen anbot, einen höheren Zinssatz zu verwenden. Mit diesem konnten sie ihre Pensionsrückstellungen niedrig halten. Weiter wählten die meisten sechs Prozent, um die Einheit zwischen ihrer Steuer- und Handelsbilanz zu erhöhen.[79]

Dem Bilanzierenden ist es fortan vorgeschrieben gem. § 253 Abs. 1 HGB n.F. Pensionsrückstellungen zu diskontieren. Der Gesetzgeber erlaubt speziell für Pensionsverpflichtungen eine Ausnahme. Hier wird die Diskontierung aller Altersversorgungsverpflichtungen - oder ähnliche Verpflichtungen - mit einem Durchschnittszinssatz der vergangenen 7 Jahre unter der Zugrundelegung der Laufzeit vorgeschrieben. Die Ausnahme bzw. Wahlmöglichkeit liegt nun in der Option für alle vorhandenen Pensionsrückstellungen, unabhängig davon, welche Laufzeit ihnen zu Grunde liegt, eine Durchschnittslaufzeit von 15 Jahren zu unterstellen. Der Grundsatz der Einzelbewertung darf also hier vernachlässigt werden. *„Dieser verlangt, die vom Arbeitgeber nach Beendigung des Arbeitsverhältnisses zu erbringende Versorgungsleistung in ein Entgelt für die während der Beschäftigungsphase zu erbringende Arbeitsleistung des Begünstigten und in einen Zinsanteil für die Stundung dieses Entgeltanteils bis zum Ausscheiden aus dem Betrieb aufzuteilen."*[80] Weiter gibt das Gesetz auch vor, dass diese Zinssätze, wie bei den Rückstellungen, von der Deutschen Bundesbank gem. § 253 Abs. 2 Satz 4 HGB n.F. ermittelt werden. Dies wird, wie oben erwähnt, zu allgemein größeren Pensionsrückstellungen führen. Die fixierte Restlaufzeit auf einen Wert von 15 Jahren zu heben, ist laut Gesetzgeber in der Berücksichtigung des demographischen Wandels zu sehen, sowie in der Tatsache, dass das Alter der meisten

---

[78] Vgl. *Kessler/Leinen/Strickmann*, 2009, S. 303 ff.
[79] Vgl. *Freidank/Altes*, 2009, S. 77.
[80] *Kessler/Leinen/Strickmann*, 2009, S. 303.

Arbeitnehmer bereits fortgeschritten ist. Daher sieht der Gesetzgeber aus Vereinfachungsgründen vor, von einer Einzelbewertung abzusehen, vorausgesetzt, dass Ergebnis bietet ein den Verhältnissen der Vermögens-, Finanz und Ertragslage entsprechendes Bild. Andernfalls ist auf den Grundsatz der Einzelbewertung abzustellen, z.B. wenn gerade in einem Unternehmen alle Pensionsverpflichtungen kürzere Restlaufzeiten als 15 Jahre aufweisen.[81] Kritisiert wird an diesen Neuerungen des BilMoG, dass hier zwar eine positive Entwicklung vorgenommen wird, aber es im Detail dann teilweise nicht die Gleichheit der Behandlung von Unternehmen bringt, die gewünscht wurde. Vor allem wird aber die zukünftige Abhängigkeit von Steuer- und Handelsbilanzgutachten bemängelt, die folglich zu höheren Kosten und generell zu Mehraufwand führen wird.[82]

d) Saldierung von Planvermögen und Schulden

Generell besteht zwischen der Aktiv- und Passivseite in der deutschen Bilanzierung ein Saldierungsverbot. Doch mit den Neuerungen des BilMoG gibt es gem. § 246 Abs. 2 Satz 1 HGB n.F. nun einen Ausnahmetatbestand, der die Bilanzierenden in einem Bereich dazu verpflichtet. Dieser Bereich betrifft Vermögensgegenstände, die dem Zugriff aller Gläubiger entzogen sind und deren verbleibender Zweck nur in der Erfüllung der Schulden aus Altersversorgungsverpflichtungen bzw. ähnlichen Verpflichtungen besteht. Auf der anderen Seite der Bilanz ist die diesen Verpflichtungen gegenüberstehende Schuld. Fortan besteht zwischen diesen beiden Posten kein Verrechnungsverbot mehr, sondern ein Verrechnungsgebot. Dies gilt ebenso für die Aufwendungen und Erträge die in diesem Zusammenhang entstehen, mit dem Ziel, dass Effekte aus dieser Berechnung sich nicht im Betriebsergebnis wiederspiegeln.[83] *„Unter Altersversorgungsverpflichtungen oder ähnlichen vergleichbaren Verpflichtungen subsumiert der Gesetzgeber Pensionsverpflichtungen, Altersteilzeitverpflichtungen, Verpflichtungen aus Lebenszeitmodellen sowie andere vergleichbare langfristige Verpflichtungen."[84]*
Wichtig ist die Voraussetzung, dass der Vermögensgegenstand dem Zugriff der übrigen Gläubiger entzogen ist, denn es muss gewährleistet sein, dass auch bei einer Insolvenz oder ähnlichen Problemen, die Altersversorgungsverpflichtungen unantastbar sind. Diese dürfen nur an ihre Gläubiger, sprich die Arbeitnehmer,

---

[81] Vgl. *Bieg/Kußmaul/Petersen/Waschbusch/Zwirner*, 2009, S. 85 f.
[82] Vgl. *Petersen/Zwirner*, 2009, S. 421 f.
[83] Vgl. *Petersen/Zwirner*, 2009, S. 387 f.
[84] *Petersen/Zwirner*, 2009, S. 388.

ausgeschüttet werden. Gem. § 7e Abs. 2 SGB IV müssen diese Verpflichtungen abgesichert werden. Weiter fallen unter die Rubrik der Vermögensgegenstände nur Vermögensgegenstände, die auch jederzeit zur Erfüllung dieser Altersversorgungsverpflichtungen genutzt werden können. D.h., dass z.B. betriebsnotwendige Vermögensgegenstände nicht in diese Kategorie fallen. Sie können weder unabhängig vom laufenden Geschäftsbetrieb genutzt werden, noch können sie jederzeit dazu genutzt werden, die Verpflichtungen der Altersversorgung zu bedienen.[85] Dem Gesetzgeber scheint es hier sehr wichtig zu sein, die Unabhängigkeit und Unantastbarkeit dieser Vermögensgegenstände hervorzuheben.

Die Bewertung des Planvermögens sollte laut Referentenentwurf noch zu Anschaffungs- und Herstellungskosten erfolgen. Von diesem Gedanken wurde jedoch abgesehen, denn die Informationsfunktion, welche gerade bei einer so heiklen Bilanzposition im Vordergrund steht, war das ausschlaggebende Kriterium. Eine den wahren Verhältnissen entsprechende Darstellung der wirtschaftlichen Belastung ist zu schaffen. Daher entschied man sich, die Bewertung des Vermögens zum Zeitwert vorzunehmen. Dies hatte zur Folge, dass auch noch nicht realisierte Gewinne bereits heute schon ausgewiesen werden. Nach § 268 Abs. 8 Satz 3 HGB n.F. dürfen generell nur Gewinne ausgeschüttet werden, wenn *„die nach der Ausschüttung verbleibenden frei verfügbaren Rücklagen abzüglich eines Verlustvortrages oder zuzüglich eines Gewinnvortrages dem Betrag entsprechen, um den der beizulegende Zeitwert der nach § 246 Abs. 2 Satz 2 HGB n.F. verrechneten Vermögenswerte deren Anschaffungskosten abzüglich der hierfür gebildeten passivischen Steuern übersteigt."*[86] Mit dieser Vorschrift bleibt das Realisationsprinzip gewahrt, da sich eine Ausschüttungssperre ergibt, die das vorzeitige Ausschütten von noch nicht realisierten Gewinnen - aus der aktuellen und früheren Periode - verhindert. Im Ergebnis entsteht eine bilanzielle Betrachtung in der noch nicht realisierte Gewinne eine Ausschüttungs- oder Abführungssperre unterliegen. Weiter muss um das Realisationsprinzip zu wahren, eine Einzelbewertung des zweckgebundenen Vermögens erfolgen. Denn bei einer möglichen Gruppenbewertung könnten sich Erträge und Wertminderungen aus der Zeitbewertung aufheben. Mit der Bewertung zum beizulegenden Zeitwert

---

[85] Vgl. *Ernst/Naumann*, 2009, S. 59 (Begründung zur Beschlussempfehlung).
[86] *Kessler/Leinen/Strickmann*, 2009, S. 300 f.

wird sich den IFRS angenähert, speziell den IAS 19. Hinzu kommt, dass die Informationsfunktion für die Abschlussadressaten erhöht wird.[87]

Weiter bezieht sich der § 246 Abs. 2 Satz 2 HGB n.F. nicht mehr nur allein auf die Arbeitnehmer. Dies bedeutet, dass die Verpflichtung zwar gegenüber Arbeitnehmern im arbeitsrechtlichen Sinne bestehen kann, aber nicht zwingend sein muss. Denn auch Verpflichtungen gegenüber Selbstständigen oder Mitgliedern des Vorstandes, sind durch die Neufassung nun mit einbezogen.[88]

Natürlich kann bei der oben beschriebenen Verrechnung von Planvermögen und deren gegenüberstehenden Schulden, auf Grund der unterschiedlichen Bewertung ein Vermögensüberhang entstehen. Gem. § 246 Abs. 2 Satz 3 HGB n.F. wird bei einem Aktivüberhang, also wenn der beizulegende Zeitwert der Vermögensgegenstände den Betrag der Schulden übersteigt, ein gesonderter Posten aktiviert. Dieser Überhang ist auf der Aktivseiten gem. § 266 Abs. 2 HGB n.F. unter einem neuen Posten als „Aktiver Unterschiedsbetrag aus der Vermögensverrechnung" zu aktivieren. In der Gewinn- und Verlustrechnung ist die Saldierung der Erträge und Aufwendungen zu berücksichtigen. Denn gem.§ 277 Abs. 5 HGB n.F. sind diese Effekte aus der Diskontierung im Finanzergebnis auszuweisen.[89]

IV. Ausweis von Rückstellungen
1. Allgemein

Die folgenden Änderungen sind gem. Art. 66 Abs. 3 EGHGB n.F. zunächst von allen bilanzierenden Kaufleuten verpflichtend auf Jahres- und Konzernabschlüsse für nach dem 31.12.2009 beginnende Geschäftsjahre anzuwenden. Für Konzernabschlüsse die nach dem 31.12.2008 beginnen, kann das Unternehmen bereits die Neuerungen als Wahlmöglichkeit umsetzen, aber nur in Verbindung mit allen übrigen vorzeitig anwendbaren Vorschriften.[90] Alles in allem betrachtet sind die Änderungen im Ausweis der sonstigen Rückstellungen, im Vergleich zu denen der Pensionsrückstellungen, eher gering.

---

[87] Vgl. *Kessler/Leinen/Strickmann*, 2009, S. 300 f.
[88] Vgl. *Philipps*, 2010, S. 58 f.
[89] Vgl. *Der Betrieb*, 2009, S. 44.
[90] Vgl. *Kessler/Leinen/Strickmann*, 2009, S. 287 ff.

2. Angaben im Anhang

a) Rückstellungen

Im Anhang werden wie bisher bei den sonstigen Rückstellungen gem. § 285 Nr. 12 HGB n.F. die Pflichtangaben verlangt. Weiter wird vom Gesetzgeber empfohlen, dass ein Rückstellungsspiegel im Anhang hinterlegt wird. Dieser kann eine transparentere Berichterstattung gewährleisten, auch über mehrere Perioden hinweg.[91]

b) Pensionsrückstellungen

Gem. Art. 67 Abs. 2 EGHGB n.F. ist die jährliche Zuführung zu den Pensionsrückstellungen bzw. der Fehlbetrag im Anhang anzugeben. So kann der Adressat erkennen, wie die Bilanzpolitik des jeweiligen Unternehmens aussieht.[92] Wird vom Wahlrecht aus Satz 2 Gebrauch gemacht, ist gem. Art. 67 Abs. 1 Satz 4 EGHGB n.F. der Betrag der Überdeckung im Anhang auszuweisen.

3. Übergangsvorschriften

a) Aufwandsrückstellungen

Wie bereits bei den Rückstellungen erwähnt ist der erstmalige Ausweis nach neuem Recht gem. Art. 66 EGHGB in Geschäftsjahren die nach dem 31.12.2009 beginnen Pflicht. Dies wird aber auch bereits für Geschäftsjahre die nach dem 31.12.2008 beginnen gestattet, solange es gem. Art. 66 Abs. 3 EGHGB im Anhang erwähnt wird. Weiter bieten die Übergangsvorschriften das bereits oben beschriebene Recht zur Auflösung in die Gewinnrücklage oder Beibehaltung von Aufwandsrückstellungen gem. Art. 67 Abs. 3 EGHGB. Dies implementiert aber auch eine teilweise Beibehaltung bzw. eine teilweise Auflösung.[93]

Laut der Begründung des Rechtsausschusses sollen die Posten „außerordentliche Erträge" und „außerordentliche Aufwendungen" dabei helfen, die Verwässerung des Betriebs- und Finanzergebnisses zu verhindern. Geregelt in Art. 67 Abs. 7 EGHGB besagt dieser, dass Aufwendungen und Erträge, die als Folge der Anwendung der Übergangsvorschriften entstehen, nicht unmittelbar in die Gewinnrücklagen verschoben werden. Sie müssen in der Gewinn- und Verlustrechnung gesondert, unter den oben genannten Posten, ausgewiesen werden.[94]

---

[91] Vgl. *Fischer/Günkel/Neubeck/Pannen*, 2009, S. 145 f.
[92] Vgl. *Fischer/Günkel/Neubeck/Pannen*, 2009, S. 152 f.
[93] Vgl. *Küting/Pfitzer/Weber,* 2009, S. 325.
[94] Vgl. *Kessler/Leinen/Strickmann*, 2009, S. 264 f.

b) Rückstellungen

Da keine spezielle Übergangsregelung für den Wertansatz von Rückstellungen besteht, sind die bisherigen Bewertungen einfach anzupassen. Deshalb gelten die allgemeinen Regeln zur Bewertung von Rückstellungen. Dies bedeutet in der Konsequenz eine erfolgswirksame Anpassung vorzunehmen.[95] Gem. § 253 Abs. 2 HGB n.F. sind die Änderungen bereits im ersten Jahr der Umsetzung vorzunehmen und ihre Effekte unter den Posten „außerordentliche Aufwendungen" oder „außerordentliche Erträge", in der GuV auszuweisen. Weiter ist der Erfüllungsbetrag bei den Rückstellungen anzupassen, d.h. die erstmalige Berücksichtigung von Preis- und Kostensteigerungen. Vorausgesetzt, diese wurden vorher noch nicht bedacht.[96] Auch die Erträge oder Aufwendungen aus der Auf- bzw. Abzinsung sind gem. § 275 Abs. 2 Nr. 10-13 HGB n.F. unter den Posten Sonstige Zinsen und ähnliche Erträge bzw. Sonstige Zinsen und ähnliche Aufwendungen in der GuV auszuweisen. Der Bilanzierende hat zusätzlich das Wahlrecht seine Rückstellungen erfolgsneutral aufzulösen und den Betrag aus der Auflösung mit den Gewinnrücklagen zu verrechnen, außer die Rückstellung wurde gem. § 249 Abs. 1 Satz 3 oder Abs. 2 HGB a.F. im letzten, vor dem 1. Januar 2010 beginnenden Geschäftsjahr gebildet.

c) Pensionsrückstellungen

Die wohl bedeutendste Übergangsvorschrift betrifft Pensionsrückstellungen. Das jeweilige Unternehmen kann zwischen zwei Gestaltungsoptionen wählen. Zum einen kann die Zuführung aufgrund der geänderten Bewertung zu den Pensionsrückstellungen einmalig im ersten Jahr in voller Höhe erfolgen. Zum anderen bieten die Übergangsvorschriften die Möglichkeit, die Zuschreibung zu den Rückstellungen auf 15 Jahre zu verteilen. Gem. Art. 67 EGHGB n.F. ist es möglich, die erforderliche Zuführung für laufende Pensionen oder Anwartschaften bis zum 31.12.2024 in Jahresraten aufzubauen. Die einzige Voraussetzung ist, dass die Zuführung jedes Jahr mindestens ein Fünfzehntel beträgt. Die Besonderheit dieses Wahlrechts zeigt sich in der Ausschüttungsfähigkeit des Unternehmens. Diese sinkt folglich in den ersten Jahren, wenn die Zuführung direkt in voller Höhe vorgenommen wird, wogegen bei einer aufgeteilten Zuführung die

---

[95] Vgl. *Küting/Pfitzer/Weber*, 2009, S. 334.
[96] Vgl. *Kessler/Leinen/Strickmann*, 2009, S. 287 ff.

Ausschüttung weiterhin möglich sein kann.[97] Sollte sich durch die Bewertungsänderung ein niedrigerer Betrag für die Rückstellung ergeben, besteht gem. Art. 67 Abs. 1 Satz 2 EGHGB n.F. die Wahlmöglichkeit den höheren Betrag beizubehalten. Vorausgesetzt, die Pensionsrückstellung benötigt insgesamt noch Zuführungen oder es wird von dem Wahlrecht kein Gebrauch gemacht, dann ist die Differenz aus Alt- und Neubewertung in die Gewinnrücklagen einzustellen.

---

[97] Vgl. *Fischer/Günkel/Neubeck/Pannen*, 2009, S. 153 f.

D. Vergleich mit der Bilanzierung von Rückstellungen

I. Vergleich der Bilanzierung von HGB a.F. und HGB n.F.

Der folgende Vergleich soll nun die Hauptveränderungen von der a.F. zur n.F. aufzeigen. Er soll aber auch gerade Neuerungen beleuchten, die häufig diskutiert und von der Allgemeinheit nicht direkt akzeptiert wurden. Dieser Vergleich wird sich wieder an den Einteilungskriterien Ansatz, Bewertung und Ausweis orientieren.

1. Ansatz

Der Ansatz von Aufwandsrückstellungen regelte sich gem. § 249 Abs. 1 Satz 2 HGB a.F.. Nach diesem wurden Aufwandsrückstellungen angesetzt für unterlassene Instandhaltung – die in den ersten drei Monaten nach dem Bilanzstichtag nachgeholt wird – und für Abraumbeseitigung, die im folgenden Geschäftsjahr nachgeholt wird.[98] Hinzu kommen Ansatzwahlrechte die in § 249 Abs. 1 Satz 3 HGB a.F. geregelt waren. Sie ermöglichten den Ansatz von Rückstellungen für Instandhaltungen die nach drei Monaten, aber innerhalb des nächsten Geschäftsjahres durchgeführt wurden sowie die Möglichkeit zum Ansatz von Rückstellungen, welche genau beschrieben und einem Geschäftsjahr direkt zurechenbar, aber bzgl. ihrer Höhe und Zeitpunkt des Eintritts unbestimmt waren.[99] Wirtschaftlich betrachtet boten diese Aufwandsrückstellungen die Möglichkeit zur Passivierung von Schulden, die eher den Charakter von Rücklagen einnahmen. Die Aufwandsrückstellungen konnten somit für den Betrachtenden der Bilanz zu einer irreführenden Darstellung der handelsrechtlichen Vermögenslage führen, da die Zurechnung der Aufwendungen nicht mehr periodengerecht dargestellt wurde.[100] Vor dem Hintergrund einer Vereinfachung des HGB wird hier der Raum für Gestaltung minimiert, um so mehr Übersicht zu erzeugen.

Weiter wird die Änderung des Paragraphen mit der Verbesserung der Fremdkapitalbeschaffung für Unternehmen begründet, denn Unternehmen werden durch den Verlust der Wahlrechte eine größere Eigenkapitalbasis ausweisen. Generell ist dies nachzuvollziehen. Mögliche Kapitalgeber betrachten bei der Geldvergabe

---

[98] Vgl. *Ernst/Naumann*, 2009, S. 70.
[99] Vgl. *Küting/Pfitzer/Weber*, 2009, S. 323.
[100] Vgl. *Kessler/Leinen/Strickmann*, 2009, S. 261 f.

nicht nur die Bilanzen der vergangenen Jahre, sondern vor allem die Ist-Situation im Unternehmen.[101]

Der § 249 Abs. 2. HGB a.F. wurde auch mit der Reform des HGB aufgehoben. Dieser gestattete es bisher Aufwandsrückstellungen für ihre Eigenart genau umschriebene, dem jetzigen oder einem früheren Geschäftsjahr zuzuordnende Aufwendungen, die bzgl. ihres Eintritts ungewiss waren, zu bilden. Der Ansatz von regelmäßig wiederkehrenden Aufwendungen, wie z.B. in größerem zeitlichen Abstand anfallende Generalüberholungen, Instandhaltungsmaßnahmen oder Großreparaturen wurden damit ermöglicht. Der Grund für die Streichung ist wie bei § 249 Abs. 1 Satz 3 HGB a.F. in der irreführenden Darstellung der Vermögenslage zu sehen. Denn auch der Abs. 2 HGB a.F. weist Aufwandsrückstellungen aus, denen wirtschaftlich der Charakter von Rücklagen zukommt. Speziell bemängelt wurde die sehr freie und offene Formulierung des Abs. 2 HGB a.F., da diese noch mehr Gestaltungsspielraum eröffnete als der Abs. 1 a.F. und für die Einheitlichkeit bzw. Vergleichbarkeit der deutschen Bilanzierung nicht förderlich war. Steuerlich gesehen hatte der Abs. 2 a.F. keine Bewandtnis.[102]

Gerade diese Innenverpflichtungen werden wie der Gesetzgeber begründet, eine irreführende Darstellung der Vermögenslage zur Folge haben. Ausschlaggebend für das Beibehalten dieses Paragraphen ist die Fiskalpolitik. Dort entfaltet § 249 Abs. 1 Satz 2 HGB n.F. seine Wirkung der Passivierungspflicht und daher erhält die Aufwandsrückstellung ihre Legitimation.[103]

Der Grund hierfür ist das Maßgeblichkeitsprinzip. Nach diesem werden Passivierungspflichten in der Handelsbilanz mit einer Passivierungspflicht in der Steuerbilanz gleichgesetzt. Passivierungswahlrechte führen demnach aber in der Steuerbilanz immer zu einem Passivierungsverbot.[104] Mit dem BilMoG wird durch die Streichung von Passivierungswahlrechten die Einheit bzw. Gleichheit zwischen Steuer- und Handelsbilanz gefördert.

---

[101] Vgl. *Kessler/Leinen/Strickmann*, 2009, S. 262.
[102] Vgl. *Kessler/Leinen/Strickmann*, 2009, S. 263 f.
[103] Vgl. *Kützing/Pfitzer/Weber* S. 324 f.
[104] Vgl. *Peschke*, 2005, S. 29.

2. Bewertung

Nach § 253 Abs. 1 HGB a.F. waren Rückstellungen nur in Höhe des nach vernünftiger kaufmännischer Beurteilung notwendigen Betrages anzusetzen. Dieser Betrag lag im Ermessen des jeweiligen Kaufmanns, denn nur dieser ist sich über die möglichen Risiken oder Gefahren im Klaren und kann deren Eintrittswahrscheinlichkeit bewusst abschätzen. Die Schätzung des Kaufmanns musste fundiert sein. Ein Außenstehender sollte in der Lage sein, die Gründe für die Schätzung objektiv nachzuprüfen bzw. sie nachzuvollziehen.[105] Natürlich musste seine Schätzung unter der Berücksichtigung des Vorsichtsprinzips stattfinden.[106] Demnach ist auch Absicht des Gesetzgebers, die subjektive Meinung des jeweiligen Kaufmanns bei der Bewertung mit einfließen zu lassen und eine Begründung durch ihn gefordert. Diese Begründung soll eine nicht mit dem Unternehmen vertraute Person in die Lage versetzten, die Schätzung nachzuvollziehen.

Mit der Einführung eines erstmaligen Bewertungsmaßstabes für ungewisse Verbindlichkeiten soll im Interesse der Bilanzobjektivierung, der Ermessensspielraum der Unternehmer eingeschränkt werden.[107] Andernfalls würden auch gleiche Rückstellungen in ähnlichen Situationen unterschiedlich bewertet werden, denn jeder Unternehmer würde mit seiner subjektiven Meinung auch die gleiche Rückstellung anders beurteilen. Das liegt daran, dass Wahrnehmung und Präferenzen der unterschiedlichen Unternehmer nicht übereinstimmen. Natürlich spielen hier auch andere Faktoren mit hinein, wie z.B. die Größe eines Unternehmens. Kleinere Unternehmen könnten dazu geneigt sein, ungewisse Verbindlichkeiten unter Vorsichtsaspekten höher zu bewerten. Ein größeres Unternehmen, dessen ungewisse Verbindlichkeiten in der Summe die gleichen sind, würde diese im Verhältnis als eher nebensächlich betrachten und sie daher niedriger bewerten. Dies ist auch der Grund, warum in der alten Fassung des HGB der Bewertungsmaßstab noch durch Kommentarliteratur bzw. Rechtsprechung geprägt wurde.

Der Begriff „Erfüllungsbetrag" ist laut der Begründung des Regierungsentwurfs eingeführt worden, um den missverständlich zu verstehenden Begriff des „Rückzahlungsbetrages" zu ersetzen. Der Begriff „Rückzahlungsbetrag" könnte den Anschein erwecken, dass nur Verbindlichkeiten als Rückstellungen erfasst werden, die auf dem Zahlungseingang von Dritten beruhen. Die Problematik lag

---

[105] Vgl. *Blödtner/Bilke/Heining*, 2009, S. 356.
[106] Vgl. *Peschke*, 2005, S. 47 ff.
[107] Vgl. *Kessler/Leinen/Strickmann*, 2009, S. 273 f.

laut dem Gesetzgeber aber eher in der Zukunftsbewertung, denn in den Begriff „Rückzahlungsbetrag" wurden keine zukünftigen Entwicklungen oder Bewertungsveränderungen mit einbezogen. Der neue Begriff „Erfüllungsbetrag" hingegen bezieht die zukünftige Entwicklung in Form von Kosten- und Preisanpassungen offiziell mit ein.[108] Bisher wurde nur gem. dem Höchstwertprinzip eine Anpassung des Rückstellungsbetrages durchgeführt, nun wird auch durch die eigentliche Begrifflichkeit die Vornahme von Änderungen ins Gesetz integriert.

Im Detail wurden diese Änderungen durch das BilMoG lange diskutiert. Fraglich war, ob die Berücksichtigung von Preis- und Kostensteigerungen mit handelsrechtlichen Bewertungsgrundsätzen, wie dem Stichtagsprinzip vereinbar sind. Gerechtfertigt wurde diese Anpassung bereits im Vorhinein durch BFH-Rechtsprechung. Jene verlangte mit Bezugnahme auf das Stichtagsprinzip und das Prinzip der nominellen Kapitalerhaltung, eine Neubewertung am Bilanzstichtag. Auch wenn diese Position nicht überall akzeptiert wird, kann mit der Bildung einer Rückstellung, welche die zukünftigen Entwicklungen berücksichtigt, ein unverfälschter Schuldenausweis erreicht werden. Dieses fördert wiederum die Darstellung einer den tatsächlichen Verhältnissen entsprechenden Vermögens-, Finanz- und Ertragslage. Im Fokus der Bewertung gem. § 253 HGB n.F. steht also die Schuldendeckungsfähigkeit von Unternehmen. Wie bereits oben erwähnt, sollen die Adressaten des Abschlusses rundum informiert sein. Allerdings würde der Ausdruck Erfüllungsbetrag für sich genommen große Ermessensspielräume eröffnen, mit welchen den Bilanzierenden mehr oder weniger erneut freie Hand gegeben würde. Aus diesem Grunde wird mit dem Zusatz, dass sich der Erfüllungsbetrag nach vernünftiger kaufmännischer Beurteilung ergeben soll, die Möglichkeit im Bewertungsspielraum deutlich verkleinert, ähnlich wie dies bereits im HGB a.F. der Fall war. Als einzige Voraussetzung sieht der Gesetzgeber objektive Hinweise auf die möglichen Bewertungsveränderungen für Rückstellungen.[109]

a) Erfüllungsbetrag

Das die Notwendigkeit einer Veränderung bestand, lässt sich an den bisherigen Behandlungsmöglichkeiten gem. HGB a.F. in der Praxis ablesen. Die erste Auffassung teilte die Ansicht mit der Finanzrechtsprechung. Sie ging von einem

---

[108] Vgl. *Ernst/Naumann*, 2009, S. 78 ff. (Begründung zum Regierungsentwurf).
[109] Vgl. *Bieg/Kußmaul/Petersen/Waschbusch/Zwirner*, 2009, S. 79 ff.

Einfluss des Preisniveaus nur am Bilanzstichtag aus. Wogegen die andere Seite bereits in der alten Fassung des HGB die Pflicht zur Bilanzierung mit Blick in die Zukunft sah. Die dritte Auffassung sprach sich für das Einbeziehen von Kosten- und Preissteigerungen aus, wenn deren Eintritt bereits mehr als wahrscheinlich war.[110] Letztlich war der Betrag jedoch so anzusetzen, dass dem Vorsichtsprinzip entsprochen wurde. Dieses sah vor, erst Erhöhungen von Rückstellungen zu beachten, wenn diese in der aktuellen Periode angefallen oder vertraglich vereinbart wurden. Eine zukünftige Berücksichtigung von Erhöhungen wurde ausgeschlossen, da dies unkontrollierbare Willkür zur Folge haben würde.[111]

Ein weiterer Grund für die Einbindung von Preis- und Kostensteigerungen lag in der vorher nicht optimalen zukunftsgerichteten Rückstellungsbewertung, welche zu einem zu geringen Rückstellungswert führte. Gem. HGB a.F. war es bei der Bewertung von längerfristigen Rückstellungen üblich, auf den Nominalwert zurückzugreifen. Dieser funktionierte, bis eine Diskontierung von Rückstellungen möglich wurde. Mit der Möglichkeit seine Rückstellungen zu diskontieren entstand das Problem, dass die gebildeten Rückstellungen an deren Laufzeitende nicht mehr ausreichten, um die vorgesehenen Verbindlichkeiten zu tilgen. Mit der Einführung der Berücksichtigung von Preis- und Kostensteigerungen geht man nun einen Schritt weiter, um die notwendigen Rückstellungsbeträge möglichst genau auszuweisen.[112]

Auch sind die eigentlichen Veränderungen der Rückstellungen, auf der Grundlage von Schätzungen noch einmal genau zu beleuchten. Der Gesetzgeber verlangt lediglich ausreichend objektive Hinweise als Grundlage für eine zukunftsorientierte Schätzung. Im Gegensatz zur alten Fassung des HGB sind dafür keine rechtlich bindenden Vereinbarungen oder Ähnliches notwendig. Daher gab es auch mit der Bilanzierung gem. HGB a.F. nicht die Möglichkeit, aufgrund von Trendfortschreibungen oder Erfahrungswerten eine Bewertungsänderung bei Rückstellungen vorzunehmen. Diese Verfahren wurden auf Grundlage der fehlenden Objektivität nicht anerkannt. Heute ist dies gem. HGB n.F. nicht mehr der Fall. Mit in der jeweiligen Branche allgemein akzeptierten Anhaltspunkten dürfen in der Zukunft liegende Kostenschätzungen begründet werden, denn gerade so kann im Sinne der Objektivierung von Bilanzen eine Vergleichbarkeit

---

[110] Vgl. *Der Betrieb*, 2009, S. 50.
[111] Vgl. *Peschke*, 2005, S. 52 f.
[112] Vgl. *Der Betrieb*, 2009, S. 50.

zwischen Unternehmen geschaffen werden. Auch ist es heute möglich, sehr genaue Zeitreihen oder aber auch komplexere Trendfortschreibungsverfahren, wie z.B. die Regression anzuwenden. Der Aufwand für solche Verfahren erscheint aber gerade für den Mittelstand zu umfangreich, daher sollte dieser seine Kostensteigerungen auf Kostenschätzungen mit durchschnittlich historischen Steigerungsraten stützen.[113] *„Dessen ungeachtet verbleibt bei dem Bilanzierenden auch bei Trendfortschreibungen ein nicht unbeachtlicher Ermessensspielraum: die Festlegung des bei langfristigen Verpflichtungen vielfach nur eingeschränkt überprüfbaren Erfüllungszeitpunkts"*[114]. Auf der Grundlage der hier beschriebenen Manipulationsmöglichkeit in Form des Erfüllungszeitpunktes, bieten Küting, Pfitzer und Weber an, den Planungshorizont auf die nächsten fünf Bilanzstichtage zu begrenzen.[115]

Ein weiterer Diskussionspunkt liegt in der Frage der Stichtagsbewertung. Gem. § 252 Abs. 1 Nr. 3 HGB n.F. werden Schulden am Abschlussstichtag bewertet. Fraglich ist, ob die Bewertung dann entweder die aktuellen Preisverhältnisse am Abschlussstichtag darstellt oder auf zukünftige Preisverhältnisse aus Sicht des Abschlussstichtags abstellt. Kessler, Leinen und Strickmann sprechen sich für die letztere Variante aus, denn sie sehen zum einen den Zukunftsbezug des Erfüllungsbetrages sowie den Grundsatz der Unternehmensfortführung als ausschlaggebende Begründung. Mit dem Grundsatz der Unternehmensfortführung wird unterstellt, dass die abgebildeten Erfüllungsbeträge versuchen *„die planmäßige Erfüllung im Rahmen der künftigen Unternehmenstätigkeit zu bewerten. Eine zerschlagungsstatische, die Liquidation des Unternehmens am Abschlussstichtag unterstellende Sichtweise verbietet sich damit im Regelfall."*[116] Hier zeigt sich also, dass sich der neu eingeführte Erfüllungsbetrag und das Prinzip der Unternehmensfortführung ergänzen. Die Tatsache, dass beide in die Zukunft gerichtet bewertet werden, spricht für sich. Ausgenommen ist jedoch der Fall, in dem die Unternehmensfortführung aus rechtlichen oder tatsächlichen Begebenheiten nicht möglich ist.[117]

Eine Begrenzung für die Höhe des Erfüllungsbetrages und dessen Preis- und Kostenänderungen gibt es nicht eindeutig. Diese ist in den ausreichend objektiven

---

[113] Vgl. *Zülch/Hoffmann*, 2009, S. 101.
[114] *Küting/Pfitzer/Weber*, 2009, S. 327.
[115] Vgl. *Küting/Pfitzer/Weber*, 2009, S. 327.
[116] *Kessler/Leinen/Strickmann*, 2009, S. 276.
[117] Vgl. *Kessler/Leinen/Strickmann*, 2009, S. 276.

Hinweisen zu sehen, solange die Ergebnisse mit dem Höchstwertprinzip vereinbar sind. Zu beachten ist hier der Gedanke der Bilanzobjektivierung. Die Bilanz soll nicht verfälscht werden, sondern sich von einer subjektiven Perspektive des Unternehmers, zu einer objektiven Sichtweise aller wandeln. Daher werden Abweichungen vom eigentlichen Erfüllungsbetrag nur mit ausreichenden Beweisen oder Argumenten, wie bereits geschildert, akzeptiert.[118]

b) Diskontierung

Die bisherige Wahlmöglichkeit gem. § 253 Abs. 1 Satz 2 HGB a.F. sah eine Diskontierung nur vor, wenn die zu Grunde liegende Verbindlichkeit auch einen Zinsanteil besaß.[119] Ein Zinsanteil liegt aber nicht bei allen Verbindlichkeiten vor. *„Merkmal dieser ungewissen Schulden ist die Kreditierung einer in der Vergangenheit durch die Arbeitsleistung verdienten Vergütung seitens der Arbeitnehmer über einen mehr oder weniger langen Zeitraum"*[120]. Daher traf die alte Regelung nur bei gestundeten Zahlungsansprüchen aus Austauschgeschäften zu, wie z.B. bei Pensions- oder Jubiläumsverpflichtungen. Ziel dieser Methode war es, bei der Bewertung der Verpflichtung eine Aufteilung zwischen dem realisierten und noch schwebenden Teil der Verpflichtung des Austauschgeschäftes vorzunehmen. D.h. der hier geforderte Barwertansatz der Rückstellung zielte auf *„die Eliminierung jener Zinsen aus dem Erfüllungsbetrag, die auf die künftige Kreditleistung entfallen und nach den allgemeinen Abbildungsregeln für schwebende Geschäfte bilanziell nicht passivierungsfähig sind"*[121], ab.[122] Es sollte also der Wert des Erfüllungsbetrages, bereinigt um die Zinsen dargestellt werden. Eine allgemeine Diskontierung war bisher nicht möglich, da sie gegen das Imparitätsprinzip verstoßen hätte, denn mit der Berücksichtigung einer Diskontierung würde, vorausgesetzt es sind im Erfüllungsbetrag keine verdeckten Zinszahlungen enthalten, nicht der vorgesehene Erfüllungsbetrag erreicht. Sind aber in einer Verpflichtung, dessen Erfüllungsbetrag feststeht Zinszahlungen enthalten, so war auch hier eine Diskontierung geboten.[123]

Seine Begründung findet die neue Diskontierungspflicht in der besseren Information des Abschlussadressaten der Bilanz. Dieser soll zukünftig eine genauere

---

[118] Vgl. *Kessler/Leinen/Strickmann*, 2009, S. 277.
[119] Vgl. *Küting/Pfitzer/Weber*, 2009, S. 328.
[120] *Kessler/Leinen/Strickmann*, 2009, S. 278.
[121] *Kessler/Leinen/Strickmann*, 2009, S. 278.
[122] Vgl. *Kessler/Leinen/Strickmann*, 2009, S. 278.
[123] Vgl. *Peschke*, 2005, S. 52 f.

Darstellung der Situation erhalten. Deshalb werden die Erfüllungsbeträge mit dem verbindlichen Zinssatz diskontiert. Dem Abschlussadressaten ist es so möglich, die wahre Belastung des Unternehmens besser einzusehen und allgemein die bessere Vergleichbarkeit für sich zu nutzen.

Weiter hat der Zinssatz zur Folge, dass das einzelne Bonitätsrisiko von Unternehmen, in Form des Zinssatzes, nicht mehr berücksichtigt werden kann. Das soll erreicht werden, da unter Berücksichtigung des Vorsichts- und Höchstwertprinzips, die Bonität zukünftig keinen Einfluss mehr auf die Höhe der Rückstellung haben wird.[124] *„Damit sollen bewertungsbedinge Erträge durch steigende Zinssätze in Folge einer verschlechterten Bonität eines Unternehmens vermieden werden."*[125] Denn gerade bei langfristigen Rückstellungen, die z.B. über 40 Jahre laufen, kann mit einem Dreh an der Zinsschraube beim heutigen Barwert ein enormer Effekt erzeugt werden. Der Gedanke der Diskontierung des Erfüllungsbetrages auf seinen Barwert ist also mehr als nachvollziehbar und erzeugt letztlich ein den wahren Umständen genauer beschreibendes Bild der Bilanz.

So vielversprechend diese neue Methode zur Diskontierung auch ist, es verbleiben immer noch Hebelmöglichkeiten zur Manipulation. Es besteht für den Bilanzierenden auch bei Objektivierungstendenzen die Möglichkeit, bei der Laufzeitbestimmung der Rückstellung, die ja laufzeitkongruent an den Zins gebunden ist, Fristigkeiten auszuweisen, die für ihn selbst vorteilhafter sind.[126]

c) Pensionsrückstellungen

Bisher wurden Pensionsverpflichtungen abgeleitet aus § 253 Abs. 1 Satz 2 HGB a.F. behandelt. Pensionsverpflichtungen die einen Rentencharakter einnahmen, wurden mit dem Barwert bilanziert und Pensionsanwartschaften mit dem Betrag der nach vernünftiger kaufmännischer Beurteilung notwendig war.[127] Es bestand aber keine konkrete Vorschrift zur Handhabung von Pensionsrückstellungen, daher übernahm man, u.a. um die Abweichungen möglichst gering zu halten, die Methode zur Kalkulation mit dem steuerlichen Teilwert gem. § 6a EstG. So wurde in der Vergangenheit eine Übereinstimmung der Pensionsrückstellungen in der

---

[124] Vgl. *Kessler/Leinen/Strickmann*, 2009, S. 280.
[125] *Küting/Pfitzer/Weber*, 2009, S. 332.
[126] Vgl. *Küting/Pfitzer/Weber*, 2009, S. 332.
[127] Vgl. *Heyd/Kreher*, 2010, S. 76 ff.

Handels- und Steuerbilanz erzeugt. Ein Vorteil lag darin, dass mögliche externe Gutachten eingespart werden konnten.[128]

Mit dem BilMoG werden nun im Bereich der Versorgungsverpflichtungen gravierende Änderungen erwartet. Bisher war zwar eine Berücksichtigung von Preis- und Kostensteigerungen laut Kommentarliteratur möglich, dies wurde aber von den meisten Unternehmen abgelehnt und daher eine einfachere Stichtagsbewertung vorgenommen. Die Gründe dafür lagen zum einen im steuerlichen Verbot der Berücksichtigung und zum anderen in dem Ziel der Unternehmen, den Verschuldungsgrad möglichst gering zu halten. Die Bedeutung von Preis- und Kostensteigerungen bei Pensionsrückstellungen wird vor allem deutlich, wenn man die zu erwartenden Effekte betrachtet. Bei einer Umstellung der HGB-Bilanzierung gem. HGB a.F. auf die der IFRS entsteht eine Pensionsrückstellungserhöhung von ca. 21%. Dieser Wert ergab sich als Durchschnitt auf der Grundlage der Bilanzierungsumstellung mehrerer Unternehmen. Der Grund für die enorme Rückstellungserhöhung ist der IAS 19. Er verpflichtet, wie nun auch das BilMoG, zur Berücksichtigung von Preis- und Kostensteigerungen sowie zum Einsatz eines marktüblichen Diskontierungszinssatzes. Die Anwendung des steuerlichen Teilwertverfahrens würde in diesem Falle keine Alternative bieten, denn es kommt generell zu höheren Rückstellungsergebnissen als das Anwartschaftsbarwertverfahren.[129]

d) Saldierung von Planvermögen und Schulden

Bisher war in der Bilanz gem. § 284 Abs. 2 Nr. 4 HGB a.F. nicht genau erkennbar, welche Vermögensgegenstände zur Deckung welcher Verpflichtung dienen. Es bestand nur die Pflicht, das Verfahren zur Berechnung offen zu legen. Heute wird gem. § 246 Abs. 2 Satz 2 HGB n.F. ein Nettoausweis erzeugt, dieser zeigt sich in der Bilanz durch die Saldierung. Im Ergebnis verbleibt dann nur der tatsächliche Verpflichtungsüberschuss in der Bilanz.[130]

Hier war die Informationsfunktion das ausschlaggebende Kriterium. Das BilMoG verfolgt das Ziel, eine den wahren Verhältnissen entsprechende Darstellung der wirtschaftlichen Belastung zu schaffen. Daher entschied man sich, die Bewertung des Vermögens zum Zeitwert vorzunehmen, was einen Ausweis von heute noch

---

[128] Vgl. *Fischer/Günkel/Neubeck/Pannen*, 2009, S. 147 f.
[129] Vgl. *Küting/Pfitzer/Weber*, 2009, S. 352.
[130] Vgl. *Küting/Pfitzer/Weber*, 2009, S. 354 f.

nicht realisierten Gewinnen zur Folge hatte. Im Kontext des Realisationsprinzips scheint diese Vorgehensweise nicht akzeptabel zu sein, da dieses Prinzip eigentlich den Ausweis und letztlich die Ausschüttung von noch nicht realisierten Gewinnen verhindern soll. Erst durch die bereits oben genannte Ausschüttungs- bzw. Abführungssperre von Erträgen und Aufwendungen kann gewährleistet sein, dass diese Vorschrift mit dem Realisationsprinzip vereinbar ist.[131]

Alles in allem entsteht durch die Saldierung von Planvermögen und Schulden eine Verbesserung der Bilanzobjektivierung. Die Bilanz weist fortan nur Vermögenswerte aus, mit denen sie auch uneingeschränkt arbeiten kann. Weiter sind die Adressaten der Bilanz in der Lage, die Situation des jeweiligen Unternehmens besser einschätzen zu können. Abrundend wird dann mit der Ausschüttungssperre die letzte Lücke des Saldierungsproblems geschlossen, da nun keine Möglichkeit mehr besteht sich vorzeitig, entgegen dem Realisationsprinzip, durch Bewertungsunterschiede zu bereichern.

3. Ausweis

Beim Ausweis gibt es zwischen HGB a.F. und HGB n.F. keine großartigen Veränderungen. Natürlich verlangen die Neuerungen des BilMoG die oben beschriebenen Ausweisänderungen oder Umsetzung von Übergangsvorschriften.

II. Vergleich der Bilanzierung von IFRS und HGB n.F.

Dieser Bereich soll nun die Entwicklung des HGB in die Richtung der IFRS, aber auch verbleibende Unterschiede aufzeigen, die das HGB nicht übernommen hat. Auch hier soll anhand der Kriterien Ansatz, Bewertung und Ausweis vorgegangen werden.

1. Allgemein

In den IFRS werden Schulden in verschiedene Kategorien eingeteilt. Zu nennen sind hier Rückstellungen, abgegrenzte Schulden und sonstige Schulden. Rückstellungen sind gem. IAS 37.10 Schulden, deren Fälligkeit oder Höhe ungewiss ist. Bei den abgegrenzten Schulden ist entweder nicht ersichtlich wie die Höhe ausfallen wird und oder der Zeitpunkt unbekannt. Im Gegensatz zu den Rückstellungen sind sie aber noch besser bestimmbar. Gem. IAS 37.14 sind sie anzusetzen, wenn aus einem Ereignis der Vergangenheit eine gegenwärtige Verpflichtung

---

[131] Vgl. *Kessler/Leinen/Strickmann*, 2009, S. 300 f.

gegenüber einem Dritten entstanden ist, die zu einem Abfluss von Ressourcen mit wirtschaftlichem Nutzen führen wird. Weiter muss die Höhe der Verpflichtung verlässlich geschätzt werden können.[132]

2. Ansatz

Von den oben aufgeführten Kriterien zum Ansatz war der bisher größte Unterschied zwischen IFRS und HGB, dass die Verpflichtung gegenüber einem Dritten bestehen muss. Im Umkehrschluss bedeutet dies, dass die im HGB zulässigen Aufwandsrückstellungen in den IFRS gem. IAS 37.18 f. verboten sind. Im Bereich der IFRS sind aber auch Reparaturen und ähnliche Instandhaltungsmaßnahmen möglich. Dort wird argumentiert, dass bei Leasing-, Miet- oder Pachtverträgen ein Vertragsverhältnis gegenüber einem Dritten zugrunde liegt und daher Rückstellungen gebildet werden können. Auch im Bereich von Verpflichtungen gegenüber dem Staat kann dies der Fall sein, z.B. wenn am Ende der Laufzeit eines Vertrages das Unternehmen versichert, den Ausgangszustand wiederherzustellen. Folglich sind Innenverpflichtungen, die weder eine rechtliche Verpflichtung noch durch eine öffentliche Bekanntgabe zu einer indirekten Verpflichtung gegenüber einem Dritten führen, gem. IAS 37 nicht erlaubt. Ein weiteres Schlupfloch bietet der Komponentenansatz.Gem. IAS 16.13 f. erlaubt dieser den Ansatz von Wartungen oder Ersatzteilen als nachträgliche Anschaffungskosten.

Es wird versucht, den Unterschied zwischen Außen- und Innenverpflichtung an der „*Unentziehbarkeit*"[133] fest zu machen. D.h. wenn sich das Unternehmen der Verpflichtung nicht mehr entziehen kann, besteht eine Passivierungspflicht. Bestehen aber beim Unternehmen Ermessensspielräume bzgl. der Rückstellung, liegt ein Passivierungsverbot vor.[134]

Ein verbleibender Unterschied beim Ansatz ist bei den Aufwandsrückstellungen zu verzeichnen. Auch mit dem Wegfall des Passivierungswahlrechts führt das HGB n.F. zur Konzentration von Aufwendungen wie Reparaturen in dem Jahr in dem sie angefallen sind. Diese Reparaturen haben, wie bereits dargestellt, den Charakter von Innenverpflichtungen. Hier bleibt also ein Unterschied zwischen beiden Systemen bestehen.[135] Damit bleibt im HGB n.F. das Realisationsprinzip

---

[132] Vgl. *Heyd/Kreher*, 2010, S. 71 f.
[133] *Hachmeister*, 2006, S. 115.
[134] Vgl. *Hachmeister*, 2006, S. 114 f.
[135] Vgl. *Heyd/Kreher*, 2010, S. 72 f.

gewahrt und Aufwandsrückstellungen dürfen nur für das Jahr angesetzt werden, in denen auch die dazugehörige Aufwendung anfällt.

Ein weiterer Unterschied ist die Grenze eines möglichen Ressourcenabflusses. Wo im HGB n.F. die Bildung einer Rückstellung auch bei einer Eintrittswahrscheinlichkeit von weniger als 50 Prozent möglich ist, ist die Bildung gem. IFRS erst nach einer Faustregel ab 50 Prozent möglich. Es bleibt aber noch zu erwähnen, dass das BilMoG auch nicht versucht diese Schwellenwerte zu verändern.[136]

3. Bewertung

Ähnlich dem „Erfüllungsbetrag" im HGB n.F. ist in den IFRS gem. IAS 37.36 f. der „best estimate" die entscheidende Größe, mit der Rückstellungen bewertet werden. Wie im HGB n.F. gibt es in den IFRS keine Vorschrift, die diesen Begriff im Detail erläutert. Gem. IAS 37.37 wird aber versucht eine Leitlinie für die bilanzierenden Unternehmen aufzuzeigen. Dieser IAS gibt vor, dass es der nach vernünftiger kaufmännischer Beurteilung notwendige Betrag ist, um die Verpflichtung zu erfüllen bzw. der Betrag, den man für die Übertragung der Verpflichtung auf einen Dritten zahlen müsste.[137] Bereits hier lässt sich erkennen, dass die Bewertung gem. HGB n.F. von der IFRS Bewertung fast eins zu eins übereinstimmen. Daher herrscht auch bzgl. der Prinzipien, die diesen Bewertungen zugrunde gelegt werden, eine hohe Übereinstimmung. Z.B. wird dem Gedanken der Unternehmensfortführung in beiden Systemen Rechnung getragen. Ebenso gilt generell das Prinzip der Einzelbewertung, um die Bilanzobjektivierung zu verbessern. Auch wenn es im HGB Ausnahmetatbestände wie die Gruppenbewertung gem. § 240 Abs. 4 HGB n.F. gibt, bestehen in den IFRS genauso Möglichkeiten vom Grundsatz der Einzelbewertung abzuweichen. Denn im *„Gegensatz zu Einzelrisiken besteht bei Massenrisiken eine Vielzahl gleicher Risiken. In diesen Fällen ist eine Sammelbewertung nicht nur zulässig, sondern im Allgemeinen auch geboten, weil statistisch abgesicherte Schätzungen möglich werden, die die Qualität der Schätzung und damit die Verlässlichkeit des Abschlusses zu verbessern."*[138] D.h., wenn durch die Vernachlässigung des Prinzips der Einzelbewertung ein allgemeiner Bewertungsvorteil erreicht werden kann, ist dies in den IFRS zulässig. Eine weitere Übereinstimmung ist im Vorsichtsprinzip

---

[136] Vgl. *Heyd/Kreher*, 2010, S. 72 ff.
[137] Vgl. *Hachmeister*, 2006, S. 125 f.
[138] *Hachmeister*, 2006, S. 128.

zu sehen. Beide Systeme sprechen sich für eine Berücksichtigung von Risiken bei der Bewertung aus.[139] Hier gibt es auch eine Abweichung der Interpretation des Vorsichtsprinzips, wogegen man sich im HGB n.F. für eine Rückstellungsbewertung entscheiden würde, die nach deutschem Standard eher zum höchsten Betrag tendiert, um den maximalen Schutz zu erreichen. Wird in den IFRS gem. IAS 37.42 f. das Vorsichtsprinzip auch zu einer höheren Rückstellungsbewertung führen, wird aber in den IFRS auch erwähnt, das diese Bewertung nicht zu übervorsichtig stattfinden soll. Es ist ein ausreichendes Maß an Vorsicht gewünscht, es dürfen aber z.B. keine zusätzlichen Risikoaufschläge auf bereits berücksichtigte Risiken aufgeschlagen werden. Somit ist bei der Schätzung auf die Sorgfaltspflichten durch das jeweilige Unternehmen abzustellen.[140]

a) Erfüllungsbetrag

Der Erfüllungsbetrag des HGB ähnelt wie erwähnt dem in den IFRS, wobei der in den IFRS nicht nur die Möglichkeit einer Bilanzierung des Erfüllungsbetrages gestattet, sondern auch die Bilanzierung des Ablösebetrages. Es besteht aber eigentlich kein Wahlrecht zwischen diesen beiden Beträgen, denn es handelt sich um eine hypothetische Ermittlung zum Stichtag. Da aber in den meisten Fällen generell nur einer von beiden Beträgen ermittelt werden kann, entstehen keine Bewertungsprobleme. Die Entscheidung, welcher Betrag angesetzt wird, liegt meist in der Befugnis des Unternehmens selbst. Es besteht weiter gem. IAS 37.38 die Möglichkeit, seine Entscheidung mit Gutachten oder Erfahrungswerten zu untermauern. Auch beim Prinzip der Wertaufhellung besteht zwischen beiden Systemen Übereinstimmung. Gem. IAS 37.38 wird wie im § 252 Abs. 1 Nr. 4 HGB n.F. die Wertaufhellung vorgeschrieben. Daher werden bei beiden Bewertungen des Erfüllungsbetrages Effekte zwischen Abschlussstichtag und Aufstellung des Jahresabschlusses berücksichtigt.

Bei der Beurteilung des Erfüllungsbetrages gem. IFRS wird diesem jedoch eine zu subjektive Komponente zugesprochen, die mögliche Manipulationen ermöglichen kann.[141] Das gleiche Problem wird auch beim Erfüllungsbetrag des HGB n.F. gesehen. Dort wird in diesem Bereich auf objektiv überprüfbare Hinweise abgestellt. So soll eine nachprüfbare Berücksichtigung von Veränderungen des

---

[139] Vgl. *Hachmeister*, 2006, S. 126.
[140] Vgl. *Hachmeister*, 2006, S. 128 f.
[141] Vgl. *Hachmeister*, 2006, S. 126 ff.

Erfüllungsbetrages stattfinden. Die gleiche Handhabung wird auch in den IFRS vollzogen. Erst mit einer ausreichenden Wahrscheinlichkeit, dass zukünftige Ereignisse auch eintreten werden, dürfen sie im Erfüllungsbetrag berücksichtigt werden. Das sich das HGB n.F. am IFRS orientiert hat, zeigt sich in der überwiegenden Kommentarliteratur. Denn die Berücksichtigung von Preissteigerungen knüpft im HGB n.F., wie in den IFRS, an die gleichen Voraussetzungen an. Dadurch wird auch beim Bilanzstichtag nicht mehr der Erfüllungsbetrag angesetzt der zur tatsächlichen Erfüllung benötigt wird, sondern der Betrag, der zur erwarteten Erfüllung benötigt wird.[142] Falls jedoch bei einer Bewertung eine gewisse Bandbreite zur Auswahl steht, würde diese sich gem. dem Vorsichtsprinzip des HGB n.F. auf den höchsten Wert einpendeln. In den IFRS wäre dies nicht der Fall. Dort würde man sich auf den wahrscheinlichsten Wert einigen.[143] Hier zeigt sich der Kontrast zwischen HGB n.F. und IFRS sehr deutlich. Während im HGB n.F. versucht wird, vorsichtig vorzugehen, um das Unternehmen und seine Anleger zu schützen, wird in den IFRS auf den Betrag zurückgegriffen der die größte Information bietet. In den IFRS erachtet man nämlich die Informationsfunktion als wichtigstes Kriterium. Daher wird man den Betrag wählen, der die möglichst beste Schätzung abgeben wird und nicht den vermeidlich höchsten Betrag. Jedoch darf man die Umstellung von HGB a.F. auf n.F. und den Erfüllungsbetrag nicht als Bruch mit dem Vorsichtsprinzip verstehen. Auch wenn die bisherige Rückstellungsbildung zu höheren Rückstellungen führen könnte, ist mit einer periodengerechten Erfassung von zukunftsgerichteten Veränderungen unter der Berücksichtigung einer laufzeitadäquaten Diskontierung dem Vorsichtsprinzip genüge getan. Gerade da im HGB n.F. auch bei dieser Berechnung immer noch das Vorsichtsprinzip zu berücksichtigen bleibt und im Zweifel zur Passivierung des größeren Rückstellungsbetrages führt. Das Vorsichtsprinzip bleibt hier also als modifiziert vorhanden und kann so zu einer besseren Darstellung der Finanz-, Vermögens- und Ertragslage führen.

Diese Meinung teilt auch „Der Betrieb" und sieht in der Einführung des Erfüllungsbetrages eher eine Stärkung des Vorsichtsprinzips.[144]

---

[142] Vgl. *Hachmeister*, 2006, S. 134 f.
[143] Vgl. *Heyd/Kreher*, 2010, S. 72 ff.
[144] Vgl. *Der Betrieb*, 2009, S. 13.

b) Diskontierung

Gem. IAS 37.45 ff. besteht in den IFRS eine generelle Diskontierungspflicht für alle Arten von Rückstellungen auf ihren Barwert, vorausgesetzt die Effekte aus der Diskontierung sind als wesentlich zu klassifizieren. Genau wie im Prinzip des HGB n.F. soll so ein Teil der zukünftigen Verpflichtung durch Zinsen aufgebaut werden. Im IAS selbst wird nun nicht genau definiert, wie ein wesentlicher Einfluss aussieht. In der Praxis werden dort alle Rückstellungen, die länger als ein Jahr laufen, wie auch im HGB n.F. übernommen, diskontiert. Es ist sogar in den IFRS möglich, unterjährig zu diskontieren, wenn sehr hohe Kalkulationszinsfüße verwendet werden.[145] Dies ähnelt der möglichen unterjährigen Diskontierung, die bereits als Umkehrschluss erwähnt wurde. Das Ziel der Diskontierung, eine genauere Betrachtung der Bilanz zu jedem Stichtag und auch generell im Bilanzierungsbereich des HGB eine größere Einheit zu erzeugen, wird mit der Diskontierung genüge getan.

Entgegen der Praxis der IFRS, mit dem Rückgriff im HGB n.F. *„auf einen Durchschnittszinssatz, statt eines Stichtagzinssatzes wie nach IAS 19, sollen extreme zinssatzbedingte Schwankungen im Ergebnisausweis vermieden werden."*[146] In den IFRS gibt es spezielle Methoden um eine Ergebnisglättung vorzunehmen, die durch schwankende Zinssätze verursacht wurde.

Das Realisationsprinzip, welches gem. HGB a.F. bisher herangezogen wurde, um bei Rückstellungen ohne Zinsanteil ein Diskontierungsverbot auszusprechen, wird hier missachtet. In der neuen Fassung des HGB werden die bisherigen Grundsätze bei der Diskontierung aufgegeben und die Informationsfunktion der Abschlussadressaten erhöht. Denn hier können Rückstellungen auch ohne einen expliziten Zinsanteil diskontiert werden, vorausgesetzt ihre Laufzeit ist länger als ein Jahr.[147] *„Die Begründung für den verpflichtenden Ansatz von langfristigen Rückstellungen mit ihrem Barwert […] sieht das BilMoG in einer realitätsgerechteren Informationsvermittlung über die wahre Belastung eines Unternehmens für die Abschlussadressaten."*[148]

Das Ziel der ganzen Methode, die Vergleichbarkeit zwischen HGB n.F. und IFRS zu erhöhen sowie den bilanzpolitischen Spielraum zu verkleinern, gelingt. Kritisiert werden jedoch Ausnahmen wie z.B., dass keine versicherungsmathema-

---

[145] Vgl. *Hachmeister*, 2006, S. 135 f.
[146] *Freidank/Altes*, 2009, S. 77.
[147] Vgl. *Der Betrieb*, 2009, S. 13.
[148] *Küting/Pfitzer/Weber*, 2009, S. 329.

tischen Verfahren vorgeschrieben werden, sondern die Wahl eines Verfahrens besteht. Daher muss der Adressat sich bei jedem Unternehmen über die verwendeten Verfahren zur Kalkulation erkundigen. Auch durch Angaben im Anhang wird es den Adressaten wohl nicht möglich sein, mehrere Bilanzen objektiv zu vergleichen.[149] Dennoch wird in der Regierungsbegründung gerade deshalb eine Sensitivitätsanalyse gefordert. Diese soll die genaue Zusammensetzung des Altersversorgungsaufwands für die Adressaten aufschlüsseln.[150]

Im Gegensatz zum HGB n.F. wird in den IFRS kein Zinssatz von einer offiziellen Instanz vorgegeben. Der Zinssatz wird gem. IAS 36.55 ff. vom Unternehmen selbst ausgewählt bzw. errechnet. Dieser muss nur die gegenwärtige Marktbewertung widerspiegeln und nicht berücksichtigte Risikoeffekte der Cash-Flows abdecken.

c) Pensionsrückstellungen

Im Gegensatz zum HGB n.F. gibt es in den IFRS keine Einteilung von Pensionsrückstellungen in unmittelbare und mittelbare Pensionsverpflichtungen.

Die Pensionsrückstellungen sind in den IFRS gem. IAS 19 geregelt. Sie teilen sich in beitragsorientierte und leistungsorientierte Pensionsverpflichtungen auf. Bei den beitragsorientierten Plänen wird vom Arbeitgeber ein fester Betrag an eine externe Einheit, meist einen Fonds, gezahlt. Der Arbeitgeber trägt selbst kein Risiko mehr, nachdem er die Beitragszahlung geleistet hat. Gem. IAS 19.7 sind leistungsorientierte Pläne und alle anderen Arten von Plänen, die nicht unter die Gruppe der beitragsorientierten fallen, definiert. Um diese übrigen Pläne zu bewerten, wird das Anwartschaftsbarwertverfahren genutzt, im Englischen als Projected Unit Credit Method bezeichnet. Im Gegensatz zum HGB n.F. ist das Anwartschaftsbarwertverfahren in den IFRS verbindlich. Das HGB n.F. erlaubt noch ein Ausweichen auf das Teilwertverfahren. Man kann jedoch aus Vereinfachungsgründen davon ausgehen, dass zukünftig Unternehmen, die bereits nach IFRS und HGB a.F. ihre Bilanz aufstellen mussten, zukünftig in HGB n.F. und IFRS das gleiche Verfahren anwenden werden. D.h., sich für das Anwartschaftsbarwertverfahren entscheiden, um Bewertungsaufwand und Kosten zu sparen. Im Verfahren der Bewertung an sich ist die bestmögliche Schätzung des Unternehmens auf künftige Ereignisse oder Veränderungen zu wählen. Hier ist wieder eine

---

[149] Vgl. *Küting/Pfitzer/Weber*, 2009, S. 349 f.
[150] Vgl. *Freidank/Altes*, 2009, S. 77.

Übereinstimmung mit dem HGB n.F. zu sehen. Dort werden auch zukünftige Gehaltstrends oder Ähnliches berücksichtigt. Der Diskontierungszinssatz wird aus, wie bereits diskutiert, festverzinslichen Industrieanleihen oder aus einem Zinssatz von Staatsanleihen übernommen. Zusätzlich wird dem Bilanzierenden gem. IFRS gestattet, die Gewinne und Verluste aus der versicherungsmathematischen Bewertung, entweder zum einen wie im HGB n.F. erfolgswirksam in der Periode zu erfassen, in der sie anfallen, oder zum anderen direkt mit dem Eigenkapital zu verrechnen.[151] Die Methode der direkten Verrechnung mit dem Eigenkapital würde nicht mit dem Realisationsprinzip laut HGB n.F. vereinbar sein. Erst wenn Gewinne realisiert sind, dürfen sie auch erfasst werden. Denn so könnten heute Gewinne generiert und realisiert werden, die in zukünftigen Perioden erst anfallen würden. Weiter ist eine vorzeitige Berücksichtigung von Gewinnen ebenso durch das Vorsichtsprinzip im HGB n.F. nicht möglich. So dürfte im HGB n.F. durch eine zukünftige Zinsänderung, die heute nicht absehbar ist, keine Gewinnsituation entstehen. Im HGB wird also im Zuge des Gläubigerschutzes und des Vorsichtsprinzips auf eine frühzeitige Ausschüttung verzichtet, wogegen in den IFRS eine den tatsächlichen Verhältnissen entsprechende Vermögens-, Finanz- und Ertragslage im Vordergrund steht. Daher wird dort, um den Abschlussadressaten ausreichend zu informieren, jegliche Veränderung direkt berücksichtigt.

Beim Zinssatz wird sich gem. HGB n.F. auf den Zinssatz der Deutschen Bundesbank bezogen. Dies scheint im Gegensatz zum IFRS die elegantere Methode zu sein, da so generell im HGB n.F. die Objektivität erhöht wird und zusätzlich keine Kosten für PUCM-Gutachten entstehen.

Grundsätzlich gibt es auch einen Kritikpunkt, denn auch wenn beide Verfahren in beiden Systemen zu einer Übereinstimmung führen würden, so könnte dies durch die unterschiedlichen Zinssätze nicht gelingen. Aber insgesamt bleibt nachzuvollziehen, dass gerade für den Mittelstand der Zwang, ihre Zinssätze selbst ermitteln zu lassen, eine zusätzliche Belastung für die Unternehmen darstellen würde.

---

[151] Vgl. *Heyd/Kreher*, 2010, S. 80 ff.

4. Ausweis

Die Unterschiede zwischen den Systemen im Bereich des Ausweises sind natürlich nicht gering. Beide haben unterschiedliche Vorgaben und unterschiedliche Bilanzposten. *„Die Mindestgliederungsvorschriften in der Bilanz fordern [...] einen gesonderten Ausweis der Rückstellungen, der nicht nur die Rückstellungen nach IAS 37, sondern auch jene aus anderen Standards umfasst; beispielsweise nach IAS 19."*[152] Weiter können in den IFRS die abgegrenzten Schulden die nach HGB Verständnis Rückstellungen sind, entweder unter den „sonstigen Verbindlichkeiten" oder aber, nach Meinung der Literatur, unter dem Posten „Rückstellungen" aktiviert werden. Vorausgesetzt, es werden die ausführlicheren Abgabepflichten im Anhang auch wahrgenommen.

Die Untergliederung ergibt sich gem. IAS 1.78. Danach sind Rückstellungen in die Posten „sonstige Rückstellungen" und „Rückstellungen für Leistungen an Arbeitnehmer" aufgeteilt. Um der Informationsfunktion nachzukommen kann es sein, dass die vorhandenen Rückstellungen aufgeteilt werden müssen in kurz- und langfristige oder in Rückstellungen mit unterschiedlichen Bewertungsmethoden. Auch gibt es einige Angaben gem. IAS 37.84 ff. die im Anhang veröffentlicht werden müssen, ähnlich dem HGB n.F.. Dort verlangt man auch einen umfassenden Ausweis der Informationen, die für den Abschlussadressaten hilfreich sein können.[153]

---

[152] *Hachmeister*, 2006, S. 191.
[153] Vgl. *Hachmeister*, 2006, S. 191 f.

E. Fazit

Rückblickend hat sich gezeigt, dass die Änderungen des BilMoG nicht gerade gering, sondern eher als umfassend zu bezeichnen sind. Rückstellungen werden im Gegensatz zum HGB a.F. mit dem BilMoG in einer moderneren und realistischeren Betrachtung in der Bilanz ausgewiesen. Das BilMoG selbst nähert sich zwar der Bilanzierung gem. IFRS an, es zielt aber selbst nicht darauf ab die Bilanzierungsstandards und Praktiken zu übernehmen, sondern versucht für die deutsche Rechnungslegung eine qualifizierte, geeignete und sinnvolle Alternative zu den internationalen Bilanzierungsstandards zu schaffen.

Ausschlaggebend in den Neuerungen ist ein Verzicht auf Rückstellungswahlrechte sowie die neue Bewertung von Rückstellungen zum Erfüllungsbetrag. Also die Berücksichtigung von Preis- und Kostenveränderungen, verbunden mit einer laufzeitadäquaten Diskontierung. Insgesamt kann damit eine Verbesserung der Informationsfunktion für den Abschlussadressaten erreicht werden. Dieser ist nun in die Lage versetzt eine realitätsnähere Bilanz vorliegen zu haben, die aber auch im Vergleich mit anderen Unternehmen aussagekräftiger geworden ist. Denn mit der Vereinheitlichung von Zinssätzen und allem Anschein nach auch gleicher Berücksichtigung von Kostensteigerungen, kann es für die Abschlussadressaten zum ersten Mal möglich sein, Unternehmen auf einer gleichen Basis gegenüber zu stellen. Somit ist eine Verbesserung der Informationsfunktion zu bejahen. Teilweise wurde jedoch diskutiert, ob in dieser Annäherung eine Vernachlässigung von Grundsätzen ordnungsgemäßer Buchführung, speziell des Vorsichts- und des Realisationsprinzips, zu sehen ist. Aber im Kontext des BilMoG wird das Vorsichtsprinzip nicht unberücksichtigt gelassen. Es nimmt auch weiterhin eine große Rolle in der Bilanzierungspraxis ein. Der einzige Unterschied ist, dass es nun modifiziert auf die neuen Vorschriften angewandt werden muss. Dem Vorsichtsprinzip wird also konsequent Rechnung getragen, da bei einer Auswahl immer der möglichst größte oder höchste Rückstellungsbetrag bilanziert wird. Konform geht dies auch mit dem Realisationsprinzip, denn gerade die Betrachtung vom Barwert ermöglicht eine noch periodengerechtere Betrachtung, die wiederum im Endeffekt zu einer besseren Ermittlung des Erfüllungsbetrages beiträgt. Natürlich besteht durch das Abschaffen von Wahlrechten und der Einführung neuer Regelungen ein Rückgang der Bedeutung der Grundsätze ordnungsgemäßer Buchführung, denn so werden die meisten Anwendungsfälle bereits im Gesetz geregelt und nicht mehr durch die Auslegung der Wahlrechte durch die Unternehmen beeinflusst. Dementsprechend ist in der Praxis mit mehr Sicherheit zu rechnen, auch wenn in den ersten Jahren des BilMoG noch Auslegungsfragen offen sind.

Bei der Betrachtung von Pensionsrückstellungen sind die gravierendsten Änderungen in dieser Arbeit aufgezeigt. Nicht nur, dass sie fortan mit dem Erfüllungsbetrag bilanziert werden, zusätzlich wird die Saldierung von Planvermögen und Schulden in den meisten Unternehmen zukünftig zu enormen Bilanzverkürzungen führen. Die Bilanz an sich wird deswegen aber auch nur Positionen von Vermögen enthalten, mit denen die Unternehmen auch arbeiten können. Folglich steigt wiederum die Informationsfunktion für den Abschlussadressaten. Weiter wird in der Literatur bemängelt, dass eine vollständige Betrachtung im neuen Sinne des BilMoG teilweise erst in 15 Jahren möglich sein wird. Bis dahin können die Übergangsvorschriften bzgl. der Bildung von Pensionsrückstellungen die Bilanz noch verzerren.

Alles in allem ist im HGB mit dem BilMoG eine längst überfällige Modernisierung vorgenommen worden, um im internationalen Wettbewerb Schritt zu halten. Die Änderungen weisen in eine zukunftsorientiertere Betrachtung der Handelsbilanz die ihrem eigentlichen Ziel, den Gläubigerschutz, nun mit der Informationsfunktion des Abschlussadressaten vereinen. Vorteilhaft ist, dass das BilMoG im Gegensatz zum IFRS auch weiterhin durch die Anwendung der Grundsätze ordnungsgemäßer Buchführung das HGB n.F. in seiner Auslegung unterstützen wird. Folglich erlaubt das BilMoG eine Einheit aus Gesetz und Praxis, die den bisherigen Standards und den zukünftigen gerecht werden kann.